VOLKMAR JOESTEL

MARTIN LUTHER
REBELL UND
REFORMATOR

Eine biographische Skizze

BIOGRAPHIEN ZUR REFORMATION

DREI KASTANIEN VERLAG

Zum Titelbild

Luther im Alter, Cranach-Werkstatt, um 1541,
Öl auf Holz, Lutherhalle Wittenberg

Lucas Cranach d. Ä. und d. J. haben mit ihren authentischen Porträts Luthers das Bild des Reformators bis in unsere Tage geprägt. Sie hielten sein Antlitz mehrfach in sehr verschiedener Weise fest und entwickelten regelrechte „Luther-Typen". Immer wieder wurden die Cranach'schen Werke zur Vorlage für die Lutherbilder der folgenden Jahrhunderte. Der Reformator wurde so zu der am meisten bildkünstlerisch dargestellten Persönlichkeit der deutschen Geschichte. Dieses Bildnis des alten Luther geht auf ein Original Lucas Cranachs d. J. zurück. Ein Brief Luthers von Mitte Januar 1546 gewährt einen Blick in seine damalige Lebenssituation: „Alt, abgelebt, müde, kalt und nun gar halbblind schreibe ich Euch ... als einer, der gehofft hat, es werde ihm als einem Erstorbenen die ... gerechte Ruhe vergönnt werden. Aber ... ich werde jetzt überschüttet mit Dingen, die geschrieben, gesprochen, verhandelt, getan werden sollten."

Jutta Strehle

ISBN 3-9803358-5-2

Bildreproduktionen nach Originalen
in der Lutherhalle Wittenberg: Wilfried Kirsch
Herstellung: Elbe-Druckerei Wittenberg GmbH
Printed in Germany

Inhalt

Prolog: Welt und Kirche um 1500

Am 10. November, wohl im Jahre 1483, wurde in Eisleben dem jungen Berghäuerehepaar Hans und Margarete Luther als zweites von mindestens neun Kindern der Sohn Martin geboren. Niemand ahnte wohl in dieser Stunde, was für bewegte Zeiten nicht nur auf die Familie, sondern auf die ganze Gesellschaft des Heiligen Römischen Reichs deutscher Nation, ja in der Konsequenz des ganzen bekannten Erdkreises zukommen und welch wichtige Rolle ihr Sohn für die Christenheit und die weitere europäische Geschichte spielen sollte.

Die Lebensleistung Martin Luthers kann man nur dann verstehen, wenn man nicht nur seine individuelle Entwicklung, sondern auch die Zeitumstände in den Blick nimmt. Über einen wichtigen Aspekt des Denkens und Fühlens einer wachsenden Zahl von Menschen im späten Mittelalter gibt uns ein in der Kunst der Zeit immer wiederkehrendes Motiv beredt Auskunft: Christus als Weltenrichter (Abb. 1). Am Tage des Jüngsten Gerichts schwebt er auf einer Wolke oder einem Regenbogen zur Erde hernieder, auf der einen Seite seines Kopfes ein Schwert, das Symbol für die ewige Verdammnis, auf der anderen Seite eine Lilie, das Symbol der Gnade und der Verheißung des ewigen Heils. Die Gräber öffnen sich und die vor Gott Gerechten werden von Engeln zum Tor des Paradieses geleitet. Die Verworfenen werden von Teufeln an den Haaren aus den Gräbern herausgezerrt und in den furchterregenden Schlund der Hölle, also die ewige Verdammnis geworfen. Ein solcher gnadenlos richtender Christus stand auch dem jungen Martin Luther vor Augen, in seiner Wittenberger Zeit sogar im wörtlichen Sinne: Das große Steinrelief ist heute noch in der Sakristei der Wittenberger Stadtkirche zu besichtigen. Ähnliche Stimmungen manifestierten sich in bildlichen Darstellungen der Apokalypse, z.B. Albrecht Dürers, in Totentanzdarstellungen und astrologischen Weissagungen bevorstehender Katastrophen.

In solchen uralten, letztendlich im Bewußtsein der Sterblichkeit des Menschen wurzelnden Ängsten widerspiegelten sich an der Wende vom 15. zum 16. Jahrhundert jedoch auch kirchlich-religiöse sowie wirtschaftliche und soziale

Abb. 1 Christus als Weltenrichter, aus Hartmann Schedel: Weltchronik, Nürnberg 1493

Vorgänge, die die mittelalterliche Ordnung veränderten. Eine soziale Ursache war die Bevölkerungsentwicklung. Die verheerende europäische Pestepidemie Mitte des 14. Jahrhunderts hatte bis zu einem Drittel der Bevölkerung, vor allem der Städte, hinweggerafft. Seit der Mitte des 15. Jahrhunderts begann die Bevölkerung wieder zu wachsen und viele Bauernsöhne wanderten in die Städte ab oder wurden zu Tagelöhnern. So wurden nicht nur einzelne Bauernhöfe, sondern ganze Dörfer wüst. Die Zahl der Vorstädter wuchs an und das vorstädtische und ländliche Gewerbe entwickelte sich zur Konkurrenz für die traditionellen städtischen Zünfte. Neue naturwissenschaftliche Erkenntnisse und Produktionsmethoden führten zu einem Aufschwung im Bergbau und Hüttenwesen, in denen die Landesfürsten und reiche Bürger ihr Kapital anlegten und viele ehemalige Bauern eine neue, wenn auch harte und entbehrungsreiche Existenz fanden. Schließlich begann die Landflucht, eine Verringerung der landwirtschaftlichen Pro-Kopf-Erträge zu bewirken. Damit verstärkte sich einerseits der feudale Druck auf die Bauern und andererseits setzte eine Verteuerung der Naturalien ein. Das Einströmen südamerikanischen Goldes in die europäische Wirtschaft infolge der Entdeckung Amerikas 1492 verstärkte die inflationären Tendenzen.

Auch in der Kirche gab es neue Entwicklungen. Einerseits setzte sich die Verweltlichung des Klerus, besonders am Papsthofe, fort. Das Repräsentationsbedürfnis der hohen Kirchenfürsten, die Finanzierung der sowohl großartigen als auch kostenaufwendigen Renaissancekunst sowie von Kriegen verstärkten den Finanzbedarf der Kurie. Auf der anderen Seite gab es Gegenbewegungen, die der Reformation gewissermaßen den Boden bereiteten. Dazu gehörten die von den weltlichen Gewalten weithin unterstützten Reformbewegungen seit der 1. Hälfte des 15. Jahrhunderts, besonders in den Mönchsorden. Vor allem aus Humanistenkreisen wurde harsche oder satirische Kritik an Mißständen in der Kirche laut, ohne deren oder des Papstes Funktion und Macht in Frage zu stellen. Erwähnt seien Johann Geiler von Kaisersberg, Sebastian Brant und der „König der Humanisten", Erasmus von Rotterdam. Im Volke entstand eine neue Sehnsucht nach der göttlichen Gnade, nach dem ewigen Heil. In der Forschung wird diese Volksreligiosität auch „Sakralisierung" oder sogar „Christianisierung" der Gesellschaft genannt. Der jedoch auf der traditionellen Kirchenlehre beruhende Glaube, sich mit „guten Werken" des ewigen Heils zu versichern, führte, von der Kirche teils gefördert, teils beargwöhnt, zu einer zunehmenden Zahl von Wallfahrten, Re-

Abb. 2 Der Ständebaum, Holzschnitt des Petrarca-Meisters, um 1520

liquiensammlungen und -anbetungen, meist verbunden mit Spenden und Opfergaben und dem Erwerb von Ablässen für Sündenstrafen. Auch durch Stiftung und finanzielle Dotierung von Messen und Jahrgedächtnissen vermeinten viele Menschen, sich das ewige Heil durch eigene Leistungen „erwerben" zu können. Zum Lesen dieser Messen bedurfte es wiederum einer Erhöhung der Zahl der Meßpriester, die allerdings, je länger je mehr als parasitäre Schicht empfunden wurden, da sie von den Einkünften der Messen lebten. Religiöse Bruderschaften entstanden aus einer eigenartigen Mischung religiöser und sozialer Motive. Zur besonderen Verehrung eines bestimmten Heiligen gegründet, übernahmen sie auch soziale Funktionen, insofern sie häufig mit bestimmten Zünften identisch oder zumindest verbunden waren, die ja ihrerseits Schutzheilige verehrten.

Soziale und/oder religiöse Bewegungen, deren Motive im einzelnen nur schwer zu rekapitulieren sind, nahmen zu. Eine Welle städtischer Bewegungen erfaßte in den 70er bis 90er Jahren des 15. Jahrhunderts das Land. Eine erneute Zuspitzung erfolgte zwischen 1509 und 1514. Viele Städte, von Konstanz im Süden bis Lübeck im Norden, wurden erfaßt. Erwähnt sei insbesondere das „tolle Jahr" 1509 in Erfurt, das Luther selbst erlebt hat, ihn jedoch offensichtlich weit weniger bewegte, als zuweilen angenommen wurde. Auch an bäuerliche Aufstände sei erinnert, so die Bewegungen des „Armen Konrad" 1514 in Württemberg oder des „Bundschuh" 1493, 1502 und 1513 in Südwestdeutschland.

1476 waren Tausende zu den antiklerikalen Predigten des „Pfeiferhänsleins" ins fränkische Niklashausen geströmt. Im thüringisch-sächsischen Raum berichten die Quellen nach den Geißlerzügen des 14. Jahrhunderts vereinzelt über die Verfolgung von Waldensern. Ob und inwieweit jedoch solche „Ketzereien" oder die kirchenkritischen Gedanken des Engländers John Wiclif und des tschechischen Reformators Jan Hus die Reformation mit vorbereiteten, ist unsicher.

Ein neuer Schub von Universitätsgründungen kündete vom Aufschwung der Wissenschaften: 1456 Greifswald, 1457 Freiburg i.Br., 1472 Ingolstadt, 1473 Trier, 1476 Mainz, 1477 Tübingen, 1502 Wittenberg und 1506 Frankfurt/Oder. Die Wittenberger Leucorea entwickelte sich bald zur bedeutendsten deutschen Universität. Hier wehte der Wind der neuen Zeit, insofern die Humanisten und poetae laureati (gekrönten Dichter) den akademisch Graduierten der philosophischen Fakultät gleichgestellt wurden. 1518 sollte der Großneffe des berühmten Humanisten Johannes Reuchlin, der 21-jährige Magister Philipp Melanchthon Professor an der jungen Universität werden. In seiner Antrittsvorlesung *Über die Notwendigkeit der Verbesserung des Universitätsunterrichts* verkündete er das humanistische Bildungsziel und -programm, womit er seinen Ruf als „Praeceptor Germaniae" (Lehrer Deutschlands) begründete.

Im Unterschied zu anderen europäischen Staaten, wie z.B. Frankreich, England oder Spanien, bildete sich in Deutschland keine nationale Monarchie heraus. Den Habsburgern ging es nicht um nationale Interessen, sondern um den Erhalt und die Festigung ihres Universalreiches. So fehlte auf den Reichstagen eine starke Macht, die die gleichwohl seit Jahrzehnten vorhandenen Bestrebungen zur Lösung der deutschen Probleme hätte koordinieren und durchsetzen können. Daher erfolgte die frühneuzeitliche Staatsentwicklung in Deutschland weniger in „nationalen" als in territorialstaatlichen Formen.

Kindheit und Jugend (1483–1505)

Vor dem Hintergrund dieser spannungsgeladenen Situation wuchs der junge Martin heran. Obgleich er später wiederholt bekannte, ein Bauernsohn zu sein, hatte es der Vater im Laufe der Jahre zur geachteten Stellung eines nicht unvermögenden Hüttenbesitzers im prosperierenden Mansfeldischen Kupferbergbau gebracht. Er stammte zwar aus einer thüringischen Bauernfamilie, war jedoch schon vor Martins Geburt nach Eisleben ausgewandert. Die sozialen Prozesse hatten die Familie Luther also in unmittelbarer Weise erfaßt (Abb. 3).

Kurz nach Martins Geburt zog die Familie nach Mansfeld, wo er vom 5. bis zum 14. Lebensjahr die Lateinschule besuchte und dort neben dem Schreiben, dem Singen und etwas Rechnen vor allem Latein lernte. Die uns heutzutage geradezu barbarisch anmutenden Erziehungsmethoden, Schläge waren an der Tagesordnung, haben sich dem Jungen unauslöschlich eingeprägt. Diese Erlebnisse wurden ein Ausgangspunkt sowohl für eine moderatere Erziehung der

eigenen Kinder als auch für seine späteren Reform-
bemühungen im Schulwesen. Nach einem Intermezzo an
der Schule der "Brüder vom gemeinsamen Leben" in Magdeburg im Jahre 1497 lernte Martin an der städtischen Pfarr-
schule in Eisenach, wo einige Verwandte und Bekannte der
Familie Luther lebten. Besonders die Werke antiker Dichter,
vor allem die Komödien des Römers Publius Terentius, hin-
terließen bei dem Jungen nachhaltige Eindrücke.

In Elternhaus und Schule herrschte die allgemeine Volks-
frömmigkeit, zu der selbstverständlich der Teufel und
Hexen gehörten. Im Hause der Familie Schalbe in Eisenach
erfuhr der junge Mann auch von dem "apokalyptischen
Schwarmgeist" Johann Hilten, der mit kirchenkritischen
Weissagungen hervorgetreten war, für die sich Luther später
interessierte. Solche Erfahrungen jedoch waren durchaus
normal und prädisponierten in keiner Weise seine spätere
Entwicklung

Die Klugheit des Sohnes sowie die errungene gesell-
schaftliche Stellung und die gute Finanzsituation der Familie
bestimmten den stolzen Vater, Martin eine Universitätslauf-
bahn einschlagen zu lassen. Im April oder Mai des Jahres
1501 bezog der junge Mann die Universität Erfurt. Nachdem
er 1502 Bakkalaureus und 1505 Magister an der philosophischen Fakultät geworden war, nahm er gemäß einem Wun-
sche des Vaters das Studium der Jurisprudenz auf, um später
einmal eine geachtete Stellung als bürgerlicher Beamter ein-
nehmen zu können. Es sollte jedoch ganz anders kommen.

Abb. 3 Luthers Eltern, Öl auf Holz von Lucas Cranach d.Ä., 1527
(Kopien nach den Originalen der Wartburg)

Mönch und Professor der Heiligen Schrift (1505–1517)

Auf der Rückreise von seinen Eltern nach Erfurt geriet Martin am 2. Juli 1505 in ein Gewitter und gelobte bei einem schreckenerregenden Blitzschlag, ein Mönch werden zu wollen. Warum der 22-jährige und, wie ehemalige Studienkollegen später berichteten, lebensfrohe Jurastudent den vermeintlich plötzlichen und für seine Umwelt, besonders für seine enttäuschten, ja erzürnten Eltern, unverständlichen Entschluß faßte, ins Kloster zu gehen, läßt sich im einzelnen wohl kaum mehr rekonstruieren. Die Frage der Rechenschaft des Menschen gegenüber Gott dürfte dabei jedoch eine zentrale Rolle gespielt haben. "Jedenfalls gehört das Ereignis bei Stotternheim, das einen frommen Studenten zum Mönch werden ließ, zu den großen und folgenschweren Bekehrungsvorgängen in der Geschichte der Kirche." (Martin Brecht) Mit seinem Eintritt in das Erfurter Kloster der Augustiner-Eremiten, der strengen Einhaltung der Ordensregeln und zusätzlichen Bußübungen glaubte der junge Mönch, den zürnenden Gott versöhnlich zu stimmen und sich so des ewigen Heils zu versichern. Solche Vorstellungen entsprachen voll und ganz dem in vielen Jahrhunderten aufgebauten System der Werkgerechtigkeit. Die Kirche bot dem Sünder eine ganze Palette an Bußübungen und Reinigungsritualen an, ihn von seinen Sünden zu befreien und vor Gott gerecht zu machen. Den Mönchen galt vor allem die strenge Einhaltung der Gelübde von Armut, Keuschheit und Gehorsam sowie der Ordensregeln als ein solches gutes Werk. Und das war in der Tat ein hartes Werk. Früh um 2 Uhr war die Nacht zu Ende. Die sogenannten Horen, die Stundengebete, fromme Gebete und Lesungen heiliger Texte waren 3 Uhr, 6 Uhr, 9 Uhr, 12 Uhr und abschließend 15 Uhr zu halten. Es gab am Tage nur zwei Mahlzeiten, wovon die erste gegen Mittag eingenommen wurde. Dazu kamen noch die jährlichen Fastenzeiten. Gewissenhafte Mönche wie Luther fasteten freiwillig noch öfter und gründlicher. Martin hat zuweilen drei Tage lang weder gegessen noch getrunken.

Das wichtigste kirchliche Vermittlungsinstrument zwischen der menschlichen Sündhaftigkeit und Gottes Vergebung war die Beichte. Besonders den Mönchen gab sie die

Möglichkeit zur strengen Selbsterforschung, um die Sünden zu erkennen, dem Beichtvater zu bekennen und durch dessen Zuspruch und die von ihm auferlegten Werke der Genugtuung abzugelten. Die Beichte im Kloster war mindestens einmal wöchentlich vorgeschrieben. Wie manch anderer Mönch auch, beichtete Martin jedoch viel häufiger. Später berichtete er, daß er einmal sechs Stunden gebeichtet habe. Es gab eine exakt festgelegte Hierarchie der Sünden: leichte, schwere, schwerere und ganz schwere. Als leichte Schuld galt z.B. schon das Lachen oder andere zum Lachen zu bringen. Das Reden mit einer Frau galt bereits als schwere Schuld, mit drei Fastentagen und einem Psalmengebet zu büßen. Martin jedoch war immer weniger in der Lage, leichte und schwere Sünden zu unterscheiden. Sie alle trennten ihn von Gott. Und wann konnte er sicher sein, genug Werke der Reue und Buße getan zu haben, um vor Gott gerecht zu sein? Der Mönch geriet in eine ausweglose Krise. Je mehr er beichtete, je mehr er büßte, desto unsicherer wurde er, ob Gott ihm seine Sünden tatsächlich verzieh. Später berichtete Luther, er habe bis zum Wahnsinn im Mönchstum gesteckt: "Unsere Herzen waren so von dem Mönchsleben eingenommen, daß wir dasselbe allein für den Weg zur Seligkeit hielten … Wahr ist's, ein frommer Mönch bin ich gewesen und habe so streng die Ordensregeln beachtet, daß ich sagen darf: Ist je ein Mönch in den Himmel gekommen durch Möncherei, so wollte ich auch hineingekommen sein. Das werden mir alle meine Klostergesellen bezeugen, die mich gekannt haben. Denn ich hätte mich - wenn es länger gewährt hätte - zu Tode gemartert mit Wachen, Beten, Lesen und anderer Arbeit… Wo bleibt der arme Mönch mit seiner Heiligkeit und Reinheit? Da hänget und pampelt er zwischen Himmel und Erden, läßt sich rühmen, er sei rein und heilig durch seine Mönchstaufe, und sein Herz und Gewissen kann es doch nimmermehr erfahren." Das Dasein des Kuttenträgers gab ihm keine Sicherheit. An ihm verzweifelte er zusehends.

Zentraler Punkt des geistlichen Lebens überhaupt war die Heilige Messe. Der geweihte Priester verwandelte Brot und Wein in das Blut und den Leib Christi, wiederholte also gewissermaßen dessen Opfer. Hier also, in der Messe, war Gott nicht mehr weit entfernt oder abstrakt, sondern hier stand man seinem Antlitz und seiner Heiligkeit unmittelbar gegenüber. Diese Situation nun vermehrte, ja potenzierte Luthers Angst, ob er dazu überhaupt würdig sei. Die Vorstellung, unmittelbar vor dem Antlitz des zornigen Gottes zu stehen, war für den jungen Mönch ein solch furchteinflößendes existentielles Erlebnis, daß er anläßlich seiner ersten Messe, der Primiz, vom Altar weglaufen wollte. Obwohl der Priester sich schließlich äußerlich an seine Aufgabe gewöhnte, blieb seine Scheu vor der Messe. So erfuhr er auch durch das Priestertum keine Sicherheit.

Gott führte ihn auch in die schlimmste Anfechtung, die ein Christ je erleben kann, das "Bad des Satans", wie es die Mönche nannten. Wohl in der Zeit zwischen 1515 und 1518 durchlitt und durchkämpfte Luther tiefe Depressionen, in denen ihn die Frage marterte, ob Gott die abgrundtief sündigen Menschen nicht generell und ausnahmslos verworfen habe, der Mensch also nie, was er auch tun möge, Gottes Gnade teilhaftig würde. Wer so etwas durchlebt, erfährt es nicht nur als schlimme Anfechtung, sondern wird sich schaudernd bewußt, daß es gleichzeitig die schlimmste Sünde, nämlich Gotteslästerung sein müsse. Auf den richtigen und befreienden, wenngleich äußerst langen und steinigen Weg brachte Luther schließlich ein einziges Buch - die Heilige Schrift.

Im Sommer 1507 wurde der begabte Mönch von seinen Ordensvorgesetzten zum Studium der Theologie an die Universität Erfurt gesandt. Hier studierte er die traditionelle mittelalterliche Scholastik, kam jedoch auch schon mit humanistischen Bestrebungen in Berührung. In der Scholastik gab es verschiedene Denkschulen und Systeme, die mehr oder weniger bestrebt waren, christliche Glaubensinhalte mit den Lehren antiker Philosophen, vor allem des Aristoteles zu verbinden, ja zu erklären und zu deuten. Hier ergaben sich von Anfang an Spannungen zum "klaren" und "lauteren" Text der Bibel, die Luther gleichfalls intensiv studierte. Diese Spannungen wurden ihm nicht mit einem Male bewußt. Dazu bedurfte es vielfältiger Anstöße und eines langen Denk- und Erfahrungsprozesses. Eine ganz entscheidende Hilfestellung war ihm, wie Helmar Junghans überzeugend herausgearbeitet hat, die Methodenkritik der Humanisten. Ihren Ruf "ad fontes" (zurück zu den Quellen - der Denkgrundlagen des klassischen Altertums) übertrug Luther sukzessive auf das Christentum: Zurück zu den Quellen hieß

*Abb. 4 Christus am Kreuz, Öl auf Leinwand,
Lucas Cranach d.J., 1571*

für ihn nun: zurück zum Wort Gottes, zurück zur Heiligen
Schrift!

Gelegenheit und Voraussetzungen dafür bot dem strebsamen Mönch, nachdem er 1512 an der erst 1502 gegründeten jungen Universität Wittenberg Doktor der Theologie geworden war (Abb. 5), seine Bibelprofessur an der theologischen Fakultät. Alle vier großen Vorlesungen aus seiner Wittenberger Frühzeit sind überliefert. 1514/15 las er über die Psalmen, 1515/16 über den Römerbrief, 1516/17 über den Galaterbrief und schließlich 1517/18 über den Hebräerbrief. In dieser Zeit reifte in dem kritischen Geist die sogenannte "reformatorische Entdeckung", die Erkenntnis, daß der sündige Mensch vor Got ausschließlich durch dessen in Jesu Christi Kreuzestod vermittelter und sichtbarer Gnade, niemals jedoch durch eigene „gute Werke" gerecht werde. Einig ist sich die Wissenschaft darüber, daß dies ein längerer Prozeß war. Umstritten ist jedoch, ob die entscheidende Zäsur in Luthers Denken vor oder nach 1517 stattfand. In Luthers eigener Erinnerung handelte es sich dabei um ein offenbarungsartiges, erschütterndes inneres Erleben, das er beim Studium des Römerbriefs im Studierstübchen seines Wittenberger Klosterturms hatte. Daher auch die Bezeichnung „Turmerlebnis". Später erinnerte sich der Reformator: "Endlich, da ich Tag und Nacht darüber nachdachte, gab... ich auf den Zusammenhang acht, nämlich: Die Gerechtigkeit Gottes wird darin offenbar, wie geschrieben steht: Der Gerechte lebt seines Glaubens... Da fühlte ich, daß ich ganz und gar neugeboren und durch die geöffneten Pforten in das Paradies selbst eingetreten war."

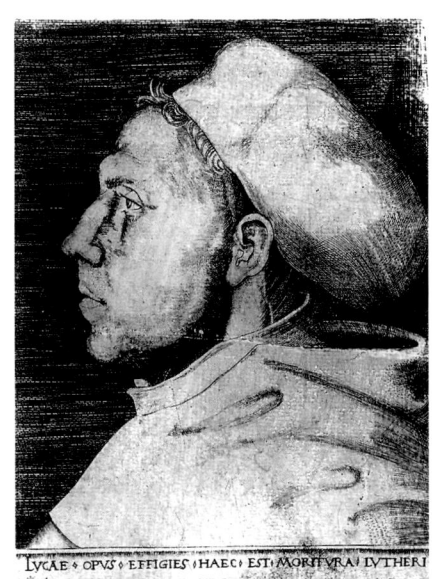

Abb. 5 Luther mit Doktorhut, Kupferstich von Lucas Cranach d.Ä., 1521

Rebell wider Willen (1517–1519)

Seit etwa 1514 war Luther nicht nur Mönch und Universitäts-professor, sondern auch ordentlich berufener Prediger an der Wittenberger Stadtkirche St. Marien. Hier ging es nun nicht mehr um akademische Thesen und Gegenthesen, son-dern um das Seelenheil der „Herde". In der Predigt, bei der Abnahme der Beichte, bei der Verwaltung aller anderen Sa-kramente sowie bei der gemeinsamen Feier der Heiligen Messe war es Luthers Aufgabe, den Menschen den richtigen Weg zur Erkenntnis von Gottes Willen zu zeigen. Hier mußte er auch die falschen, diejenigen, die von Gottes Wil-len wegführen, deutlich machen. Und genau an diesem Punkte kollidierte der Seelsorger unversöhnlich mit dem Sy-stem der katholischen Werkgerechtigkeit in Form des Ab-laßwesens.

Im Frühjahr 1517 erlebte es Luther immer häufiger, daß die Wittenberger der Beichte fernblieben, und stattdessen in die auf brandenburgischem bzw. anhaltinischem Gebiet lie-genden Städte Jüterbog und Zerbst strömten, um sich so-wohl von ihren Sündenstrafen als auch von den Sünden selbst durch den Erwerb von Ablaßzetteln des marktschreie-rischen Dominikaners Johann Tetzel freizukaufen (Abb. 6). Danach wollten sie sich ohne jede Reue und Besserung von Luther absolvieren lassen. Das traf den Beichtvater im Inner-sten, hatte er sich doch in einem qualvollen Prozeß zu der Auffassung durchgerungen, daß man auch und gerade als Sünder Gott lieben und deshalb Leid und Reue über seine Sünden ein Leben lang tragen müsse. Einer solchen Mei-nung zum Hohne versprachen Ablaßprediger nun, daß man sich mit Geld von dieser in Luthers Augen einzig möglichen christlichen Existenzweise freikaufen könne.

Der Ablaß hatte sich in einem jahrhundertelangen Prozeß im Zusammenhang mit dem Bußsakrament herausgebildet. Der Sünder mußte bereuen, dies durch die Beichte vor dem Priester kundtun, um von diesem die Absolution und eine auferlegte Buße, d.h. Sündenstrafe zu erhalten. Diese Strafe konnte man nun durch eine Ablaßzahlung tilgen. Dem lag die alte Vorstellung zugrunde, daß die Kirche durch Christi und der Heiligen Leiden einen unendlichen "Schatz der Kir-che" angehäuft habe, den die Bischöfe und Priester wieder-

Abb. 6 Spottbild auf Tetzels Ablaßhandel, Holzschnitt, 1617

um an die Sünder austeilen könnten. Durch spätmittelalterliche sozioökonomische Prozesse entartete schließlich das Ablaßwesen vollends zu undurchsichtigen finanzpolitischen Transaktionen. Im Zuge des gewaltig angewachsenen Finanzbedarfs der Kurie verteilte diese an kirchliche Institutionen Ablaßbriefe mit dem Recht, Ablässe für Sündenstrafen zu verkaufen. Häufig war der Ablaßhandel an die Zeigung der gleichfalls in Mode gekommenen Reliquiensammlungen gebunden. Die zweitgrößte Sammlung der Christenheit hatte der fromme Kurfürst Friedrich der Weise am Wittenberger Allerheiligenstift zusammentragen lassen. Ältestes und Prunkstück dieser Sammlung war ein angeblicher Dorn aus der Dornenkrone Christi. Wenngleich Luther diesen Ablaß wie auch alle anderen schon vor der Veröffentlichung seiner Thesen mit Mißtrauen betrachtet hatte, gab nicht er den Anstoß zum Aufbegehren. Es war vielmehr der sogenannte Petersablaß, den Papst Julius II. im Jahre 1507 ausgerufen hatte, um den 1505 begonnenen Neubau des Petersdoms in Rom fertigstellen zu können. Den Vertrieb dieses Ablasses in Deutschland übertrug Papst Leo X. 1515 dem Hohenzollernprinzen und Kardinal Albrecht. Dieser wiederum war 1513 Bischof von Magdeburg und Administrator des Bistums Halberstadt und 1515 sogar Erzbischof von Mainz geworden. Für diese eigentlich unerlaubte Pfründenhäufung mußte er Gelder in Höhe von 29 000 Gulden an die Kurie in Rom zahlen. Dazu hatte er einen Kredit bei den reichen Fuggern in Augsburg aufgenommen. Aus den einzunehmenden Ablaßgeldern sollte die eine Hälfte nach Rom zum Bau von St. Peter weitergeleitet werden, und die andere Hälfte, über 36 000 Gulden, sollte der Kardinal zur Begleichung seiner Schulden bei den Fuggern behalten dürfen. Albrecht nun ließ für seine Unterkommissare eine Instruktion erarbeiten. Auf deren Grundlage zog in den magdeburgischen und brandenburgischen Gebieten nördlich von Wittenberg der berüchtigte Dominikaner Johann Tetzel durch die Städte und Dörfer und bot marktschreierisch Ablaß feil. Bald waren allenthalben, sicher übertriebene, Gerüchte über ihn im Umlauf. Es hieß, man könne bei Tetzel auch Ablaß für die Sünden schon Verstorbener erlangen. Und wer brachte es schon über sich, bereits verstorbene Verwandte oder Bekannte im Fegefeuer schmoren lassen, wenn man ihnen mit der Zahlung einer bestimmten Summe den Weg ins Paradies öffnen konnte? Auch hieß es, Tetzel verkaufe Ablaß für Sünden, die man erst in der Zukunft begehen würde. War das nicht die beste Lebensversicherung, die man sich vorstellen konnte? Ja, in blasphemischer Weise hieß es sogar, Tetzel könne auch, wäre dies möglich, die schwere Sünde der Vergewaltigung der Gottesmutter Maria durch Ablaß vergeben. Es waren jedoch, dies sei ausdrücklich betont, nicht diese offensichtlichen, „christlich" motivierten, Finanzmanipulationen, die Luthers Zorn hervorriefen. Humanistisch beeinflußte Ironie und Satire, Witze, hinter vorgehaltener Hand und auch offen erzählt, waren durchaus keine Seltenheit. Erasmus von Rotterdam z.B. hat gelästert, wenn man alle als Reliquien angebeteten angeblichen Splitter vom Kreuz Christi zusammentragen würde, gäbe das Holz für eine ganze Schiffsflotte. Nein, Luthers Motive waren andere: Mit einer solchen Ablaßvorstellung, wie sie Tetzel verbreitete, wurde seine Überzeugung geradezu verhöhnt, daß sich der sündige Mensch ein Leben lang zerknirscht und in Demut Gottes Majestät zu unterwerfen habe. Mit den Ablaßpraktiken aber wurde den Gläubigen ein bequemer, oberflächlicher und also falscher und Gottes Majestät beleidigender Weg versprochen. Dem mußte unbedingt Einhalt geboten werden. Schon gelegentlich hatte sich Luther gegen den Ablaßmißbrauch geäußert. Vor allem in Predigten hatte er wiederholt eingeschärft, daß man Gottes Ehre Abbruch tue, wenn man Ablässe ohne wahrhafte innere Reue und Buße erwirbt. Nun jedoch galt es, sich an die Verantwortlichen zu wenden, um die Rücknahme der Ablaßinstruktion und die Einstellung des schändlichen Wirkens der Ablaßprediger zu erreichen. Am 31. Oktober 1517 wandte sich Luther in Briefen an seine kirchlichen Vorgesetzten, den Bischof Hieronymus Schulze von Brandenburg und den Erzbischof Albrecht von Magdeburg. Möglicherweise schrieb er auch noch anderen Bischöfen. Erhalten ist nur der Brief an Albrecht. Offenbar "unter Furcht und Zittern und Gebet" (Martin Brecht) geschrieben, läßt er zumindest ahnen, daß sich Luther der Brisanz des angesprochenen Problems wohl bewußt war. Wenn er sich als wahrer Interessenvertreter des Bischofs und des Papstes zu erkennen gab, war das mit Sicherheit nicht taktischem Kalkül geschuldet, sondern resultierte aus der ernsthaften Hoffnung, daß beide dem praktizierten Ablaßmißbrauch einen Riegel vorschieben mögen. Diesem Brief an Kardinal Albrecht nun hatte Luther 95 Thesen beigelegt. Sie stellen bohrende und kritische Fragen an die herrschende Praxis des Ablaßhandels, ohne den Ablaß insgesamt oder gar die Kirche und ihre Repräsentanten als Vermittler des Heils in Frage zu stellen. Jedoch war es eben kein Zufall, wie gelegentlich zu lesen, daß es gerade über den Ablaßstreit zum Konflikt mit Rom gekommen ist. Im Unterschied zu den kurz vor den 95 Ablaßthesen veröffentlichten und theologisch eigentlich bedeutenderen Thesen gegen die scholastische Theologie zielten jene, zwar ungewollt und unvorhergesehen, jedoch dafür um so wirkungsvoller, direkt ins Zentrum der Machtanmaßung der Kirche über die Gewissen der Menschen.

Bis in die jüngste Zeit gehörte es geradezu zum Bildungskanon, daß Martin Luther diese 95 Thesen am 31. Oktober 1517 an die Türe der Schloßkirche zu Wittenberg (Abb. 7) angeschlagen hat, um über sie zu disputieren. Besonders im 19. Jahrhundert beflügelte dieser Vorgang die Phantasie der

Abb. 7 Schloßkirche Wittenberg,
Holzschnitt von Lucas Cranach d.Ä., 1509

Künstler. 1961 jedoch trat der katholische Lutherforscher Erwin Iserloh mit der sensationellen Behauptung an die Öffentlichkeit, der Thesenanschlag gehöre ins Reich der Legende. Dies kam einer Sensation gleich, war dieses Ereignis doch jahrhundertelang als Symbol des Protestantismus gefeiert worden. Die ausgelöste heftige Diskussion war bis auf den heutigen Tag nicht in der Lage, das Problem zweifelsfrei zu lösen.

Fest steht hingegen, mit oder ohne Thesenanschlag, daß es weder in Wittenberg noch an anderer Stelle eine öffentliche Disputation über die Thesen gegeben hat. Es passierte zunächst überhaupt nichts. Reaktionen sowohl in Wittenberg und seitens seiner Freunde, an die Luther die Thesen verschickt hatte, als auch von den Bischöfen blieben zunächst aus.

Dessenungeachtet befand sich Luther seit der Versendung der Thesen offensichtlich in einem Zustand befreiter Hochstimmung. Seit Anfang November 1517 unterzeichnete er seine Briefe häufig mit "Eleutherius". Das ist ein griechischlateinisches Wortgebilde (griechisch eleutheros - frei). Luther verstand sich also als "der Freie" oder "der Befreite". Darin drückt sich wohl die Empfindung aus, nun seinen "Rubikon" überschritten zu haben, natürlich nicht im Sinne eines Bruches mit der Kirche, sondern wohl eher aus dem Wissen, nun praktische Konsequenzen aus erlangten Einsichten gezogen zu haben. Deutlich wird, daß Luther sich der Brisanz des Themas für die kirchliche Praxis bewußt war, daß er in ein Wespennest gestochen hatte.

Außer an die Bischöfe hatte Luther die Thesen nur an ganz wenige vertraute Freunde gesandt. Damit jedoch löste er eine Kettenreaktion aus. In Abschriften gelangten die Thesen unter anderem nach Nürnberg, Leipzig und Basel, wo sie noch im Dezember 1517 bzw. Anfang 1518 gedruckt wurden. Von diesem Zeitpunkt an gilt, was Luther später selbst in die Worte faßte, die Thesen "liefen schier in 14 Tagen durch ganz Deutschland".

Die Reaktionen der Bischöfe waren zunächst ganz unterschiedlich. Der Merseburger Bischof war weitgehend von Herzog Georg von Sachsen abhängig. Dieser wiederum war als Verfechter einer weitreichenden Kirchenreform anfänglich sehr mit Luthers Auftreten gegen den Ablaß einverstanden. Der Brandenburger Bischof Schulze hielt sich bedeckt, riet aber davon ab, die Angelegenheit weiter zu verfolgen. Der mächtigste und einflußreichste, Erzbischof Albrecht, bat zunächst die Mainzer Universität um ein Gutachten, informierte sofort den Papst und forderte die Magdeburger Räte auf, Luther die weitere Behinderung der Ablaßprediger zu verbieten. Das Mainzer Gutachten vom 17. Dezember enthielt sich eines eigenen Urteils, empfahl jedoch die Prüfung der Angelegenheit durch die römische Kurie. Diese sah sich noch lange nicht zu drastischen Konsequenzen veranlaßt. Papst Leo X. wies am 3. Februar 1518 lediglich den Ordensgeneral der Augustiner-Eremiten darauf hin, auf Luther mäßigend einzuwirken. Der sich persönlich getroffen fühlende Tetzel soll in seinem Zorn Todesdrohungen gegen diesen ausgestoßen haben, reagierte aber zunächst auch auf der akademischen Ebene. Am 20. Januar 1518 disputierte er an der Universität Frankfurt/Oder über eine Thesenreihe zum Ablaß. Als Buchführer mit Drucken dieser Thesen in Wittenberg auftauchten, nahmen ihnen Studenten alle 800 Exemplare ab und verbrannten sie in demonstrativer Weise.

Über Luthers eigene Haltung nach der Versendung seiner Thesen, seine Hoffnungen und seine Ängste wissen wir sehr wenig. Die erste bekannte Äußerung stammt erst vom 15. Februar 1518. Glaubhaft schilderte er hier sein Erschrecken darüber, daß die Thesen, in denen es ihm doch um nichts anderes als um das Seelenheil der Christen gegangen war, so schnell in die Sphären der hohen Politik eingedrungen waren. Man hatte ihn verdächtigt, nichts anderes als ein Handlanger des Kurfürsten von Sachsen zu sein. Dieser hatte nämlich schon vor dem Thesenanschlag den Vertrieb des Petersablaß in seinen sächsischen Gebieten verboten. Sein politischer Konkurrent, der Erzbischof von Magdeburg, sollte seine wirtschaftliche Macht nicht noch mit gutem sächsischen Gelde vergrößern. Der bis heute hin und wieder gegen Luther erhobene Vorwurf des Opportunismus ist unzutreffend, wenngleich außer Frage steht, daß sich gerade in der Ablaßproblematik religiöse, wirtschaftliche, soziale und politische Verhältnisse und Interessen verbanden.

Noch vor einer geplanten umfassenden Erläuterung seiner Thesen erschien im April 1518 eine in der zweiten Märzhälfte gehaltene Predigt im Druck. Unter dem Titel *Ein Sermon von Ablaß und Gnade* legte Luther in knapper und verständlicher Form und, was ganz besonders wichtig war, in deutscher Sprache, seine nunmehr unzweifelhaft eigene Auffassung zur Ablaßproblematik dar. Diese Schrift wurde zu seinem ersten großen literarischen Erfolg. Allein bis 1520 erschienen insgesamt 20 Drucke, in Wittenberg, Leipzig, Nürnberg, Augsburg und Breslau. Hier wird in plastischer Weise die besondere Rolle der neuen Technik des Buchdrucks für die Verbreitung neuer Ideen deutlich. Es war, um einmal diesen modernen Ausdruck zu gebrauchen, eine Medienrevolution.

Nun begannen die Ereignisse sich immer schneller zu entwickeln. Die Unfähigkeit der Kurie, das berechtigte religiöse Anliegen Luthers auch nur wahrzunehmen, führte statt zum Gespräch zur Repression. Und je stärker diese wurde, um so mehr wurde er förmlich gezwungen, seine Auffassungen zu konkretisieren und zu verteidigen. Bereits im März 1518 wurde der Aufmüpfige von dem namhaften Ingolstädter Theologieprofessor Johann Eck, bis dahin durchaus ein Sympathisant des Wittenberger Kollegen, erstmals als Böhme (Anspielung auf die „ketzerischen" Hussiten) und

Häretiker bezeichnet. Daran anknüpfend veröffentlichte Tetzel Ende April/Anfang Mai 1518 eine Schrift, in der er Luther als in der Tradition Wiclifs und Hus' stehenden Ketzer darstellte. Luthers gedruckte Antworten auf diese Vorwürfe wurden nun auch polemisch. In diesem Konflikt waren schon im Ansatz alle späteren Streitpunkte, wie das Vermögen des freien Willens, die Sakramente, die Vergebungsgewalt des Papstes und die priesterliche Vollmacht angelegt. Es deutete sich ein grundsätzlicher Autoritätskonflikt an, obwohl Luther immer noch die Hoffnung hegte, der Papst werde ihn verteidigen. Im Sommer 1518 jedoch wurde in Rom offiziell der Ketzerprozeß gegen ihn eröffnet.

Die vielfältigen Gegensätze und Interessenunterschiede traten für kurze Zeit zurück hinter die Alternative: für Luther oder gegen Luther. Die mit den Thesen eingeleitete spontane reformatorische Bewegung trieb ihren Urheber, zunächst gegen seinen eigenen Willen, in seinem Kampf gegen Rom immer weiter. Eine Station auf diesem Wege war das „väterliche Verhör" Luthers durch Kardinal Cajetan anläßlich des Augustinerkonvents im Oktober 1518 in Augsburg (Abb. 8), nachdem Kurfürst Friedrich die Auslieferung des rebellischen Mönchs nach Rom abgelehnt hatte. Luther sprach

Abb. 8 Luther vor Kardinal Cajetan, kolorierter Holzschnitt, 1557

selbst vom schwersten Gang seines Lebens, hatte er doch das Schicksal des Jan Hus, d.h. den Scheiterhaufen vor Augen. Aber er war nicht bereit zum Widerruf. Der drohenden Verhaftung entzog er sich durch die Flucht aus Augsburg in der Nacht vom 20. zum 21. Oktober.

Nach dem Tode Kaiser Maximilians Anfang 1519 begann ein beispielloses Feilschen um dessen Nachfolge. Karl I. von Spanien konnte mit Hilfe der Fugger die höchsten Bestechungsgelder für die Kurfürsten aufbringen, schlug somit seine Rivalen Franz I. von Frankreich und Heinrich VIII. von England aus dem Felde und wurde am 28. Juni 1519 als Karl V. zum Kaiser gewählt. Mit Rücksicht auf die Stimme des mächtigen Kurfürsten Friedrich von Sachsen ruhte der Ketzerprozeß gegen Luther, zumal der päpstliche Kammerherr Karl von Miltitz Anfang Juni ein Abkommen ausgehandelt hatte, sich gegenseitiger Polemik zu enthalten. Diese Konstellation gab der reformatorischen Bewegung eine Atempause und damit die Möglichkeit, sich zu festigen und auszubreiten.

Einen sich ursprünglich an Luthers Ablaßthesen entzündenden Meinungsstreit trugen der Ingolstädter Theologe Johann Eck und Luthers Mitstreiter Andreas Bodenstein, gen. Karlstadt, in einer öffentlichen Disputation aus. Diese fand

Abb. 9 Leipziger Disputation 1519, kolorierter Holzschnitt, 1557

vom 27. Juni bis zum 14. Juli 1519 auf der Leipziger Pleißenburg statt und behandelte zunächst das durchaus zentrale Thema des Verhältnisses von menschlichem Willen und göttlicher Gnade. Als sich die Disputation zwischen Karlstadt und Eck festfuhr, trat Luther auf den Kampfplatz (Abb. 9). Eck ging es von Anfang an darum, Luther als Ketzer bloßzustellen. In der Auseinandersetzung um die Autorität des Papstes und der Konzilien bestritt Luther die göttliche Herkunft des Papsttums, erklärte, daß unter den Anschauungen des Jan Hus durchaus gutchristliche gewesen seien und daß auch Konzilien irren können, ja geirrt haben. Daraufhin glaubte Eck, triumphieren zu können. Er erklärte Luther zum Ketzer, womit er jedoch nur erreichte, daß die Popularität des Wittenberger Mönchs noch größer wurde. Besonders aus Humanistenkreisen stammende Gelehrte griffen Luthers Ideen begeistert auf. Der Schirmherr der Disputation jedoch, Herzog Georg der Bärtige von Sachsen, war von Stund an ein erbitterter Gegner der Reformation. Die Hintergründe für diese folgenschwere antireformatorische Festlegung des Herzogs waren mannigfaltig. Eine wichtige Rolle spielte neben der politischen Konkurrenz zu seinem kurfürstlichen Vetter Friedrich das Georg zeitlebens belastende Bewußtsein, ein Enkel des von der römischen Kirche gebannten böhmischen „Ketzerkönigs" Georg Podiebrad zu sein. Daher lehnte er bei allem Reformwillen jede auch nur im Ansatz antirömische „ketzerische" Bestrebung entschieden ab.

Bannfluch und Reichsacht (1520–1521)

Die Jahre 1520 und 1521 waren Entscheidungsjahre für die reformatorische Bewegung. Martin Luther formte nun seine religiösen Gedanken zu einer eigenständigen Theologie aus und erarbeitete ein umfassendes Programm kirchlicher und weltlicher Reformen, wodurch er sich selbst innerlich endgültig von Rom trennte. Diese Trennung fand ihre äußerliche Widerspiegelung in der Verhängung des päpstlichen Bannfluches über den Reformator sowie in der unerschrockenen Verteidigung seiner Lehre vor dem Wormser Reichstag.

  1520 unterzog Luther im wesentlichen in drei großen reformatorischen Schriften die Lehren der römischen Kirche einer grundsätzlichen Kritik und entwickelte ein umfassendes reformatorisches Programm.

Die erste und seinerzeit populärste Schrift erschien am 12. August 1520 und war *An den christlichen Adel* gerichtet. Luther widerlegte die Lehren der Kirche, daß geistliche über weltlicher Macht stehe und daß nur der Papst die Bibel interpretieren und ein Konzil einberufen dürfe: „Die Romanisten haben drei Mauern mit großer Behendigkeit um sich gezogen, damit haben sie sich bisher beschützt, daß sie niemand hat mögen reformieren, dadurch die ganze Christenheit greulich gefallen ist. Zum ersten, wenn man hat auf sie gesetzt und gesagt, weltliche Gewalt habe nicht Recht über sie, sondern wiederum, geistliche sei über der weltlichen. Zum andern, hat man sie mit der Heiligen Schrift wollen strafen, setzten sie dagegen, es gebühre die Schrift niemand auszulegen, denn dem Papst. Zum dritten, droht man ihnen mit einem Konzil, so erdichten sie, es möge niemand ein Konzil berufen, denn der Papst... Nun helfe uns Gott und gebe uns der Posaunen eine, womit die Mauern von Jericho wurden umgeworfen, daß wir diese strohernen und papiernen Mauern auch umblasen, und die christlichen Ruten, die zum Strafen sind, losmachen, des Teufels List und Trug an

AETHERNA IPSE SVAE MENTIS SIMVLACHRA LVTHERV
EXPRIMIT AT VVLTVS CERA LVCAE OCCIDVOS·

· M · D · X · X ·

*Abb. 10 Luther als Mönch,
Kupferstich von Lucas
Cranach d.Ä., 1520*

den Tag bringen, auf daß wir durch Strafe uns bessern, und seine Huld wieder erlangen..." Durch die Taufe sei jeder Gläubige selbst Priester, Bischof und Papst. Diese Lehre vom Priestertum aller Gläubigen bedeutete die Zurückweisung der Mittlerrolle der Priesterhierarchie zwischen Gott und den Menschen. Auf dieser Lehre basierend, forderte Luther die Säkularisierung des Kirchenbesitzes, die Auflösung aller Orden und die Wählbarkeit der Pfarrer durch die Gemeinden. Als einzige legitime Hierarchie erkannte er die weltlichen Obrigkeiten an, die er aufforderte, an die Spitze der reformatorischen Bewegung zu treten und Reformen im nationalen Rahmen durchzusetzen.

Mit der Schrift *Von der babylonischen Gefangenschaft der Kirche*, in den ersten Oktobertagen des Jahres 1520 zuerst lateinisch veröffentlicht, griff Luther das Kernstück der alten Kirchenlehre, die Sakramentslehre an. Er ließ anstelle der sieben alten Sakramente nur ein eigentliches, das Wort Gottes, und drei sakramentale Zeichen (Taufe, Buße und Abendmahl) gelten. Alle übrigen Sakramente der alten Kirche (Firmung, Priesterweihe, Ehesakrament und letzte Ölung) wies Luther als Menschenwerk zurück. Auch damit versetzte er der Exklusivität des Priesterstands einen schweren Schlag.

In *Von der Freiheit eines Christenmenschen*, in nur zwei Tagen entstanden, wies Luther die römische Lehrautorität in Glaubensfragen mit folgendem noch heute bedenkenswerten Paradoxon entschieden zurück: „Daß wir gründlich mögen erkennen, was ein Christenmensch sei, und wie es getan sei um die Freiheit, die ihm Christus erworben und gegeben hat... will ich setzen diese zwei Beschlüsse: Ein Christenmensch ist ein freier Herr über alle Dinge und niemand untertan. Ein Christenmensch ist ein dienstbarer Knecht aller Dinge und jedermann untertan..." Das neue Frömmigkeitsideal richtete sich sowohl gegen das Papsttum als auch gegen eine „fleischliche", d.h. weltliche Auslegung des Evangeliums. Diese Schrift bedeutete, wenn auch der Form nach sehr verinnerlicht, einen weiteren Angriff auf die Grundfesten der römischen Kirche, da Luther zum Ausdruck brachte, daß es für Christen in Glaubensfragen nur eine bindende Autorität gibt: das Wort Gottes.

Der päpstliche Kammerherr Karl von Miltitz versuchte in einem Gespräch mit dem Reformator am 11. Oktober 1520 noch einmal, diesen zum Einlenken und zur Aussöhnung mit dem Papst zu bewegen. Daraufhin schrieb Luther an Papst Leo X. einen Brief, in dem er dessen Person in aller Achtung und Ehrfurcht begegnete, jedoch keinen Punkt seiner Angriffe gegen das Papsttum als Institution zurücknahm. Diesem Brief legte er die Freiheitsschrift bei.

Zu Beginn des Jahres 1520 war der Ketzerprozeß gegen den renitenten Mönch wieder aufgenommen worden. Einen Höhepunkt fand er vorerst am 15. Juni 1520 mit der Veröffentlichung der größtenteils von Prierias, Cajetan und Eck ausgearbeiteten Bannandrohungsbulle *Exsurge Domine* (Erhebe Dich, Herr). Diese gewährte dem Rebellen eine Frist von 60 Tagen zum Widerruf seiner Lehren und forderte die Verbrennung seiner Bücher. Aufgrund päpstlicher Vollmacht drohte Eck weiterhin Luthers Mitarbeitern Karlstadt und Johann Dölsch von Feldkirchen, dem Zwickauer Egranus, dem Nürnberger Humanisten Pirckheimer sowie dem dortigen Stadtschreiber Spengler den Bann an. Am 17. Juli wurden Eck und Aleander als Nuntien mit der Publizierung, Verbreitung und Vollstreckung der Bulle beauftragt. Eck wurde nach Sachsen, Aleander in die Niederlande gesandt. Eck hatte kaum Erfolg. Meistens wurde die Bulle mit Nichtachtung oder offenem Hohn und Spott bedacht. Aleanders Mission war zunächst erfolgreicher. Am 8. und 15. Oktober ließ er in Löwen und Lüttich feierlich lutherische Bücher verbrennen. Nachdem ihm dies am 12. November in Köln noch einmal gelang, scheiterte eine ähnliche Aktion am 29. November in Mainz: Anhänger Luthers verbrannten anstelle seiner Schriften solche von seinen Gegnern.

Als sich die Nachricht der Bannandrohung verbreitete, kam es in vielen Städten zu spontanen Sympathiekundgebungen für den Reformator. Studenten und Dozenten der Erfurter Universität stellten sich öffentlich hinter ihr ehemaliges Mitglied. Empörte fränkische Adlige, wie Franz von Sickingen und Silvester von Schaumburg, boten Luther militärischen Schutz an.

Dieser entschloß sich zu einem demonstrativen Schritt: Ein Anschlag rief die Wittenberger Studenten auf, sich am 10. Dezember um 9 Uhr vor dem Elstertor unweit des Heiligkreuz-Spitals zu versammeln. Unter Jubel und Beifall übergab der Reformator kirchliche Gesetzbücher, Schriften Ecks, Emsers und anderer Gegner und zum Schluß einen Druck der Bannandrohungsbulle den Flammen, und zwar

Abb. 11 Verbrennung der Bannandrohungsbulle, kolorierter Holzschnitt, 1557

an der Stelle, wo sonst die Lumpen an Seuchen Verstorbener verbrannt wurden. Dabei soll er ausgerufen haben: „Weil du gottloses Buch den Heiligen des Herrn betrübt oder geschändet hast, so betrübe und verzehre dich das ewige Feuer" (Abb. 11).

Diese aufsehenerregende Tat des Reformators bedeutete seine endgültige und unwiderrufliche Trennung von Rom, wie er selbst am nächsten Tage in der Vorlesung betonte. Daraufhin verhängte der Papst am 3. Januar 1521 mit der Bulle *Decet Romanum pontificem* den Bannfluch über Luther, der allerdings ohne nennenswertes Echo blieb. Der Kaiser hätte jetzt nach geltendem Recht sofort die Reichsacht aussprechen müssen. Auf dem am 27. Januar 1521 eröffneten Wormser Reichstag bestanden jedoch viele Reichsstände darauf, Luther nicht ungehört zu verurteilen, sondern ihn zum Verhör vor den Reichstag zu zitieren. Einige Fürsten sahen, ergänzend zu ihrer individuell zumeist wohl ehrlichen Glaubensentscheidung, in der Reformation die Möglichkeit, den Einfluß Roms auf die deutsche Politik zurückzudrängen und damit die politische Macht in ihren eigenen Territorien auszubauen sowie Verfügungsgewalt über die kirchlichen Besitztümer und Einkünfte zu erlangen. Diese Kräfte setzten sich durch, und Luther wurde am 6. März 1521 offiziell vor den Reichstag geladen. Geleitschutz wurde ihm zugesichert. Am 2. April brach der Reformator auf. Seine Reisebegleiter waren u.a. sein Freund Nikolaus von Amsdorf sowie der kaiserliche Herold Kaspar Sturm. Die Fahrt glich einem Triumphzug. Allerorten wurde der Rebell begeistert begrüßt und zum Predigen aufgefordert. Trotz der drohenden Gefahr war sein Mut ungebrochen. Er soll geäußert haben: „Wenn so viele Teufel zu Worms wären wie Ziegel auf den Dächern, so wollte ich doch hinein!" Die Welle der Begeisterung und das Bewußtsein, als Werkzeug Gottes zu handeln, gaben Luther die Kraft, als unbedeutender Mönch vor die Mächtigsten des Heiligen Römischen Reiches zu treten und seine Lehre zu verteidigen. Am 16. April trafen Luther und seine Begleiter in Worms ein. Am Nachmittag des 17. April wurde Luther vor den Reichstag befohlen und vom kaiserlichen Offizial Johann von der Ecken aufgefordert, seine Lehre zu widerrufen. Gemäß den Empfehlungen der kursächsischen Räte erbat er sich einen Tag Bedenkzeit. Am 18. April legte man Luther nahe, wenigstens einen Teil seiner Schriften zu widerrufen. Daraufhin teilte der Reformator diese in Kampfschriften gegen das Papsttum, Streitschriften gegen Feinde und erbauliche Schriften ein. Er gestand zwar zu, in den polemischen Schriften heftiger gewesen zu sein als es einem Mönch gezieme. Jeglichen Widerruf seiner Lehren lehnte Luther jedoch entschieden ab. Er beendete seine Rede mit den Worten: „Es sei denn, daß ich durch das Zeugnis der Schrift überwunden werde oder aber durch klare Ursachen; denn ich glaube weder dem Papst noch den Konzilien allein, weil es am Tag ist, daß dieselben mehrmals geirrt und wider sich selbst geredet haben... Ich bin überwunden durch die Schriften, so von mir geführt, und gefangen im Gewissen an dem Wort Gottes. Deshalb ich nichts mag, noch will widerrufen, weil wider das Gewissen zu handeln beschwerlich, unheilsam und gefährlich ist. Gott helf mir, Amen." Die bekannten Worte „Hier stehe ich, ich kann nicht anders" sind spätere Ausschmückung (Abb. 12).

Mit dieser nichtsdestoweniger mutigen Haltung gab Luther der reformatorischen Bewegung gewaltigen moralischen Auftrieb. In Worms herrschte eine unbeschreibliche Erregung. Es wurde ein Plakat angeschlagen mit der unverhüllten Drohung, daß 400 Ritter auch zum militärischen Eintreten für Luther und die Reformation bereitstünden. Eine

Abb. 12 Luther vor dem Wormser Reichstag, kolorierter Holzschnitt, 1557

Flut von Flugblättern und Flugschriften über sein Auftreten vor Kaiser und Reich verbreitete sich über das ganze Land und kündete allerorten von der mutigen Tat des Wittenberger Mönchs. Der junge Kaiser jedoch, noch 1520 von Luther hoffnungsvoll als „edles junges Blut" bezeichnet, war von Stund an ein erbitterter Gegner Luthers, der sich schwor, die Ketzerei mit allen Mitteln zu bekämpfen und mit Stumpf und Stiel auszurotten.

Nach weiteren, jedoch gleichfalls vergeblichen Versuchen, Luther umzustimmen, erhielt dieser den Befehl, Worms am 25. April 1521 zu verlassen. Erst als er selbst und seine Begleiter sowie ein großer Teil vor allem der den Reformator unterstützenden Reichsstände Worms bereits verlassen hatten, verhängte der Kaiser mit Zustimmung der verbliebenen Stände am 26. Mai 1521 über den Reformator die Reichsacht, ließ sie jedoch auf den 8. Mai zurückdatieren, um so den Anschein zu erwecken, der gesamte Reichstag habe ihr zugestimmt. Die Ächtung verlangte von jedem, den Verurteilten weder zu beherbergen noch seine Lehre zu verbreiten, ihn gefangenzunehmen und dem Reichsregiment zu überstellen sowie seine Bücher weder zu lesen noch zu kaufen oder zu verkaufen.

Vom Wort zur Tat (1521-1525)

Auf der Rückreise vom Wormser Reichstag wurde der Reformator am Abend des 4. Mai 1521 durch Bedienstete des Kurfürsten auf die Wartburg „entführt". Nur wenige Eingeweihte wußten von dieser Aktion. Selbst das Gerücht von Luthers Ermordung kursierte. Der berühmte Albrecht Dürer in Nürnberg klagte: „O Gott, ist Luther tot, wer wird uns hinfort das heilige Evangelium so klar vortragen? Ach Gott, was hätte er uns noch in 10 oder 20 Jahren schreiben mögen! O ihr alle frommen Christenmenschen, helft mir fleißig beweinen diesen gottgeistlichen Menschen."

Mit seinem „Verschwinden" sollten die sowohl ihm selbst als auch dem Kurfürsten drohenden Gefahren minimiert werden. Denn Bann und Reichsacht gefährdeten jeden, der sich des Schutzes von Ketzern und Geächteten schuldig machte. Indem der Kurfürst Luther aus den unmittelbaren Auseinandersetzungen herausnahm, sicherte er der Reformation insgesamt günstige Entwicklungsbedingungen. Es war ein bezeichnendes Beispiel für die zugleich mutige und besonnene Politik des „Fuchses von Sachsen", wie man Friedrich den Weisen zugleich neid- und ehrfurchtsvoll nannte (Abb. 13) .

Abgeschieden vom lauten Weltgetriebe, „in der Einsamkeit", auf dem „Patmos", „im Reich der Vögel", wie Luther

Abb. 13 Kurfürst Friedrich der Weise, Öl auf Holz von Lucas Cranach d.Ä. (Werkstatt), 1532

selbst schrieb, litt er auf der Wartburg wieder verstärkt an körperlichen Gebrechen und Anfechtungen in Form von Belästigungen durch den Teufel, wenngleich festzuhalten ist, daß der sprichwörtliche Wurf mit dem Tintenfaß eine spätere Legende ist. Briefliche Kontakte nach Wittenberg und ein schier gewaltiges Arbeitspensum jedoch lenkten den „Junker Jörg" von seinen Nöten ab.

Luther verfaßte Auslegungen des Magnifikats und mehrerer Psalmen. Im Juni widerlegte er ein Gutachten des katholischen Theologen Latomus, indem er die Rechtfertigungslehre weiter ausbaute. Weiterhin schrieb er gegen eine Verdammungsschrift der Pariser Universität und gegen die Bestrebungen Kardinal Albrechts, einen neuen Ablaß in Halle auszurufen. Letztere Schrift, *Wider den neuen Abgott in Halle*, sorgte für zeitweilige Verstimmungen mit dem kurfürstlichen Sekretär Spalatin, da dieser aus Angst vor neuen Verwicklungen den Druck in Wittenberg verweigerte.

Da Luther der Predigttätigkeit enthoben war, ging er nun daran, Musterpredigten für das ganze Kirchenjahr, die deutsche Postille, auszuarbeiten. Fertig wurde auf der Wartburg

Abb. 14 Luther bei der Bibelübersetzung (nach Dürers „Heiligem Hieronymus"), Kupferstich von Wolfgang Stuber, um 1580

der Weihnachts- und Adventsteil. Später bezeichnete ihn Luther als sein bestes Buch. Am wichtigsten und folgenreichsten jedoch war die Übersetzung des Neuen Testaments aus der griechischen Ursprache ins Deutsche. In nur 10 Wochen bewältigte der Reformator diese enorme Arbeit (Abb. 14). Von Juli bis September 1522 in Wittenberg gedruckt, trat es als *Septembertestament* seinen Siegeszug um die Welt an. Zur Wirkung schrieb später der Luthergegner Cochläus: „Ehe dann aber Emsers Arbeit (eine katholische Bibelübersetzung - V.J.) an den Tag gegeben, war Luthers Neues Testament durch die Buchdrucker dermaßen gemehrt und in so großer Anzahl ausgesprengt, also daß auch Schneider und Schuster, ja auch Weiber und andere Einfältige, soviele dieses neue lutherische Evangelium angenommen, die auch nur etwas wenig deutsch auf einem Lebkuchen lesen gelernt, dies selbe gleich als einen Brunnen aller Wahrheit mit höchster Begierde lasen. Etliche trugen dasselbe mit sich im Busen herum und lernten es auswendig."

Unterdessen begannen Luthers Mitstreiter in Wittenberg mit praktischen Reformen, zunächst durchaus mit Einverständnis und brieflichen Ermunterungen des „Junker Jörg". Mitte Dezember 1521 schrieb er an Spalatin: „Soll etwa über das Wort Gottes fortwährend nur disputiert und der Tat sich immer enthalten werden?" Bereits im Mai 1521 hatten in verschiedenen Gebieten demonstrativ drei Priester geheiratet. Die Wittenberger Augustiner, angetrieben durch feurige Predigten des Mönchs Gabriel Zwilling, reformierten zunächst den Klostergottesdienst und lösten schließlich die sächsische Kongregation auf einem Kapitel im Januar 1522 faktisch auf. In Wittenberg gingen einerseits Universitätsprofessoren unter Führung Andreas Bodensteins und andererseits der Rat daran, sowohl den Gottesdienst als auch das soziale städtische Leben zu reformieren. Die Ausführung der angenommenen neuen Stadtordnung wurde jedoch vom Hof verboten. Der Kurfürst sah in ihr einen unerlaubten Eingriff in seine Kompetenzen.

Luther selbst beobachtete die Reformen mit großem Interesse und unterstützte sie sogar publizistisch. In Briefen trat er gegen den Priesterzölibat auf. In zwei bedeutenden Schriften, im November 1521 fertiggestellt, verwarf er die Mönchsgelübde und forderte eine Reform des Gottesdienstes. Als jedoch radikalere Kräfte unter dem Einfluß der nach Wittenberg gekommenen „Zwickauer Propheten" teilweise gewaltsame Aktionen zu inszenieren begannen, Priester bedrohten und die Menschen zum neuen Glauben zwingen wollten, wandte sich Luther sofort entschieden gegen eine solche „fleischliche" Auslegung des Evangeliums. Nach einem Kurzbesuch in der Elbestadt im Dezember 1521 verfaßte er dazu seine Schrift *Eine treue Vermahnung zu allen Christen, sich zu hüten vor Aufruhr und Empörung.* Neben dem Aufruf an seine Anhänger, nur mit dem Wort, nicht aber mit Gewalt für die Reformation einzutreten, schätzte Luther in dieser Schrift auch sein eigenes Werk ein: „Was ist Luther? Ist doch die Lehre nicht mein. So bin ich auch für niemanden gekreuzigt. S. Paulus wollte nicht leiden, daß die Christen sich sollten heißen paulisch oder peterisch, sondern Christen. Wie käme denn ich armer stinkender Madensack dazu, daß man die Kinder Christi sollte mit meinem heillosen Namen nennen?"

Nach dem ersten bedeutenden, durch Ratsbeschluß sanktionierten „Bildersturm" in der Reformationszeit am 6. Februar 1522 hielt den beunruhigten Reformator nichts mehr auf seinem „Patmos". Am 6. März wieder in Wittenberg eingetroffen, hielt er ab 9. März eine Woche lang seine berühmten *Fastenpredigten*, mit denen er die Bewegung wieder in gemäßigte Bahnen lenkte. Die meisten Neuerungen nahm er zurück. Die „Adiaphora", Dinge die Gott weder geboten noch verboten habe, ließ er wieder gelten. Dazu gehörten das Fasten und Bilder in den Kirchen. Unter Rücksicht auf die „Schwachen im Glauben" ließ Luther jedoch auch eigentlich unevangelische Dinge zeitweilig wieder zu, wie das Abendmahl in einer Gestalt und bestimmte Heiligenfeste: „Summa summarum: Predigen will ichs, sagen will ichs, schreiben will ichs, aber zwingen und dringen mit Gewalt will ich niemanden, denn der Glaube will willig und ungenötigt sein und ohne Zwang angenommen werden."

Hinfort mußten sich die radikaleren Kräfte entweder unterwerfen (Gabriel Zwilling) oder wurden mit Publikationsverbot belegt und verließen schließlich die Stadt (Andreas Bodenstein).

Luthers Position resultierte zwar zuvörderst aus seinen grundsätzlichen Glaubensüberzeugungen, entsprach jedoch darüberhinaus auch den realen politisch-konfessionellen Konstellationen im Reich. Im Nürnberger Reichsregiment drängte besonders Herzog Georg von Sachsen auf die kompromißlose Bekämpfung der Reformation. Das kluge Taktieren der kursächsischen Gesandten im Regiment verhinderte jedoch scharfe Mandate. Der 2. Nürnberger Reichstag 1522/23 erklärte schließlich die Durchführung von Bann und Acht für unmöglich und forderte stattdessen ein freies deutsches Nationalkonzil. Bis dahin sollten sich die Konfliktparteien öffentlicher Polemik enthalten. Das bedeutete insgesamt einen beachtlichen Erfolg für die Reformation und sicherte ihr die Möglichkeit der weiteren Festigung und Ausbreitung. Zwar forderte der 3. Nürnberger Reichstag 1524 wieder die Befolgung des Wormser Edikts. Jetzt jedoch war die Position der Evangelischen schon so weit gefestigt, daß den Altgläubigen eine gewaltsame Durchsetzung dieses Beschlusses schon nicht mehr praktikabel erschien.

Auf diesen Hintergründen begann Luther, die Grundgedanken seiner politischen Ethik zu formulieren. Es ging zunächst um das Problem des möglichen Widerstandes der (evangelischen) Fürsten gegen den (katholischen) Kaiser, später auch um das grundsätzliche Recht des Widerstandes von Untertanen gegen ihre weltlichen Obrigkeiten. Am 24. und 25. Oktober 1522 predigte der Reformator in Weimar vor Herzog Johann. Diese Predigten erschienen im Dezember unter dem Titel *Von weltlicher Obrigkeit, wie weit man ihr Gehorsam schuldig sei* im Druck. Es blieb Luthers grundlegendes Werk seiner politischen Ethik und formulierte die Lehre von den „zwei Regimenten" Gottes. Für die Gläubigen gelte das Wort, für die Ungläubigen das Schwert der weltlichen Obrigkeiten. Da die Mehrheit der Menschen sich nicht unter dem Regiment Christi, sondern des Teufels befände, bedürfe es der Obrigkeit, die nach Vernunft und Nächstenliebe zu regieren habe. Die Welt, die grundsätzlich des Teufels sei, nach dem Evangelium regieren zu wollen, würde zu Chaos führen. Im ersten Teil postulierte Luther die grundsätzliche Notwendigkeit aller Christen, sich den weltlichen Obrigkeiten zu unterwerfen. Im zweiten Teil beschrieb er mit deutlichen Worten deren Grenzen. Weltliche Gesetze dürfen sich nur auf Leib und Gut, niemals jedoch auf die Seelen und den Glauben beziehen. Der Glaube sei ausschließlich Gewissensangelegenheit und entziehe sich jeder weltlichen Einflußnahme. Luther äußerte auch die Warnung an die Obrigkeiten, daß das verständig werdende Volk deren Willkür nicht auf die Dauer hinnehmen werde: „Denn es gibt nur ganz wenige Fürsten, die man nicht für Narren oder Buben hält. Das kommt daher, daß sie sich auch so aufführen. Und der gemeine Mann wird verständig und die Strafe für die Fürsten, die Gott 'Verachtung' heißt, nimmt gewaltig überhand unter dem Volke und beim gemeinen Mann... Man wird nicht, man kann nicht, man will nicht eure Tyrannei und euren Mutwillen auf die Dauer leiden." Andererseits habe ein Christ diese Willkür nicht mit gleichem zu vergelten: „Denn der Obrigkeit soll man nicht widerstehen mit Gewalt, sondern nur mit Bekenntnis der Wahrheit. Hält sie sich daran, ist es gut, wenn nicht, so bist du entschuldigt und leidest Unrecht um Gottes Willen."

Unter Berufung auf die reformatorische Lehre versuchte der fränkische Ritter Franz von Sickingen 1522/23 mit einer militärischen Aktion gegen den Kurfürsten von Trier, den Verfall des niederen Adels aufzuhalten. In einem Gegenschlag des Schwäbischen Bundes und der Fürsten wurden Sickingen geschlagen, viele Ritterburgen zerstört und die politische Selbständigkeit des niederen Adels weitgehend gebrochen. Luther verfolgte Sickingens Aktion durchaus mit Anteilnahme und war über das Scheitern und den Tod des Ritters betroffen. Gleichwohl hat er nie einen Zweifel daran gelassen, daß er den Ritteraufstand als „Rebellion" ablehnt. Dadurch verhinderte er, daß die Reformation in diesen eher peripheren, aber eben gefährlichen sozialen Konflikt um das Rittertum hineingezogen wurde.

Um dem Worte Gottes immer mehr Raum zu geben, forcierte der Reformator seine Predigttätigkeit (Abb. 15). Im April und Mai 1522 führten ihn Predigtreisen nach Borna, Altenburg, Zwickau, Eilenburg, Torgau und Zerbst, im Herbst nach Erfurt und Weimar. Im folgenden Jahr hielt er insgesamt 137 Predigten. Bei aller Vielfalt blieb sein selbstformulierter Tenor immer: „Glaub Gott, hilf deinem Nächsten, das lehrt das ganze Evangelium." 1524 mahnte er: „Ich achte, daß Deutschland noch nie so viel von Gottes Wort gehört habe wie jetzt... Liebe Deutsche, kauft, solange der Markt vor der Türe ist, sammelt ein, solange Sonnenschein und gut Wetter ist, braucht Gottes Gnade und Wort, solange es da ist! Denn das sollt ihr wissen: Gottes Wort und Gnade ist ein fahrender Platzregen, der nicht wieder dahin kommt, wo er einmal gewesen ist... Rom und das lateinische Land

Abb. 15 Predigt Luthers, Holzschnitt, 1588

haben ihn auch gehabt; hin ist hin, nun haben sie den Papst. Und ihr Deutschen dürft nicht denken, daß ihr ihn ewig haben werdet. Denn der Undank und die Verachtung wird ihn nicht dableiben lassen. Drum greift zu und haltet fest, wer greifen und halten kann! Faule Hände müssen ein böses Jahr haben."

Schließlich gelangte Luther zu der Überzeugung, daß das Gotteswort nun so mächtig geworden sei, daß sich die mit der Rücksicht auf die „Schwachen" begründete Zurückhaltung gegenüber Reformen nicht mehr rechtfertigen lasse. Die kirchenpolitischen Reformforderungen vieler Stände auf dem Altenburger Landtag im Frühjahr 1523 unterstrichen diese Auffassung. Bestärkt wurde Luther auch durch die sichtlichen Erfolge der Reformation in anderen Territorien, wie der Schweiz, bedeutenden oberdeutschen Städten und dem damaligen politischen, kulturellen und wirtschaftlichen Zentrum Nürnberg.

Vorbereitungen für die eigentlichen Reformen waren u.a. zwei schon 1522 erschienene Schriften, die zu „Bestsellern" werden sollten, das *Betbüchlein* und das *Taufbüchlein*. Im Januar 1523 machte der Reformator ernst. Wer jetzt immer noch an Reformen Anstoß nähme, sei nicht schwach, sondern verstockt. In klaren Worten faßt er zusammen: „Drei große Mißbräuche sind in den Gottesdienst gefallen. Der erste, daß man Gottes Wort verschwiegen hat..., das ist der ärgste Mißbrauch. Der zweite, da Gottes Wort verschwiegen gewesen ist, sind neben ihn gekommen so viele unchristliche Fabeln und Lügen... Der dritte, daß man solchen Gottesdienst als ein Werk getan hat, um damit Gottes Gnade und Seligkeit zu erwerben, da ist der Glaube untergegangen." Luther forderte die verbindliche Einführung des Abendmahls unter beiderlei Gestalt. In der Schrift *Von Ordnung Gottesdienst in der Gemeinde* begründete er die Reform. Schwerpunkte sollten, zumindest für Priester, Seelsorger und Schüler, ein täglicher Frühgottesdienst mit alttestamentlicher Lektion, Predigt, Gebet, Psalm- und Wechselgesängen sowie ein täglicher Nachmittagsgottesdienst, vorbehalten der Lesung und Auslegung des Neuen Testaments, sein. Der sonntägliche Gemeindegottesdienst blieb vorerst als gereinigter Meßgottesdienst mit herkömmlichem Kirchengesang erhalten. Die meisten Heiligenfeste entfielen jedoch oder wurden auf den nächsten Sonntag verlegt. Am 11. März 1523 erklärte der Reformator die gestifteten täglichen Privatmessen für beendet. Am 4. Dezember 1523 schließlich erschien die *Formula missae* (Form der Messe) im Druck. Mit ihr lag die Luthersche Gottesdienstordnung ausgearbeitet vor. Weiterhin ließ sie vieles frei, wie die Elevation (Erhebung) von Hostie und Kelch, den Gebrauch des Priesterornats, Beichte, Fasten und Beten vor Empfang des Sakraments. Der „Kanon" jedoch, mit dem aus der Messe ein Opfer gemacht worden war, entfiel ersatzlos. Das Abendmahl unter beiderlei Gestalt wurde verbindlich. Obgleich Luther selbst seit dem 9. Oktober 1524 die Kanzel nicht mehr in der Mönchskutte, sondern in weltlicher Gelehrtentracht, einer schwarzen Schaube, betrat, ließ er die alten kunstvollen Meßgewänder weiter im Gebrauch. Erst nach dem Interim 1548 waren die orthodoxen Lutheraner bestrebt, schwarze Schaube und Barett, den „Luthertalar", als einheitliche Predigerkleidung durchzusetzen.

Ob Luther sich bei seiner Gottesdienstreform von ähnlichen gleichzeitigen Aktivitäten, beispielsweise Thomas Müntzers in Allstedt, inspirieren und antreiben ließ, ist in der Forschung umstritten. Fest steht, daß die Reformen Luthers in der Konsequenz seines Denkens und Handelns in dieser Zeit lagen.

Zum evangelischen Gottesdienst gehören selbstverständlich auch deutsche Lieder. Ende 1523 teilte der Reformator Spalatin den Entschluß mit, deutsche Psalmen und geistliche Lieder für das Volk zu schreiben und forderte den kurfürstlichen Sekretär und andere Mitstreiter auf, gleiches zu tun. Einzelne Stücke der Liturgie sollten von der gesamten Gemeinde in deutsch gesungen werden. Noch 1523 erschienen die ersten Liedtexte Luthers in Einzeldrucken, 1524 schließlich in Nürnberg das *Achtliederbuch* mit 4 Liedtexten Luthers und weitere Sammlungen. Die bedeutendste frühe Sammlung mit 24 Lutherliedern war das Chorgesangbuch von Johann Walther, dem kurfürstlichen Komponisten und Kapellmeister. Daß Luther auch selbst komponiert hat, läßt sich nur für den allerdings erst später entstandenen Choral „Ein feste Burg ist unser Gott" nachweisen.

Die Gottesdienstreform stieß in Wittenberg auf den vehementen Widerstand des Allerheiligenstifts. Schon 1521 hatte der Reformator es als „Bethaven", also als Stätte des Götzendienstes bezeichnet. Im März 1523 griff er, unterstützt selbst vom Propst des Stifts Justus Jonas, dieses erneut an. Obwohl der Kurfürst sich dafür aussprach, die gestifteten Messen weiter zu lesen, preschte der Reformator im Juli erneut vor. Die Autorität Gottes stehe in dieser Frage höher als die des Kurfürsten. Im Gefolge des jetzt einsetzenden Tauziehens um die Stiftsreform verbot der Kurfürst diese schließlich kurzerhand, auch gegen den Willen der jetzt mehrheitlich reformbereiten Stiftsherrn. Luthers Polemik wurde immer schärfer. Die erneute Kreuzigung Christi im Meßkanon sei schlimmer als Unzucht, Totschlag, Mord, Diebstahl und Ehebruch. Es sei geradezu die Pflicht der Obrigkeiten, dagegen einzuschreiten. Schließlich gaben Friedrich der Weise und die altgläubigen Stiftsherrn klein bei. Am Heiligen Abend 1524 wurde eine Messe mit von den gröbsten Mißbräuchen gereinigter Liturgie gefeiert. Die endgültige Reform erfolgte jedoch erst nach dem Tode des Kurfürsten 1525.

Die Neuordnung des Kirchenwesens brachte notwendigerweise auch eine Neuordnung des Sozial- und Bildungswesens mit sich. Vorher oblag die Fürsorge für die Armen, Witwen und Waisen zum großen Teil der Kirche. Diese Aufgaben, sowie die Versorgung ehemaliger Mönche und Priester, die Unterstützung armer Handwerksmeister und des Schul- und Universitätsbesuchs begabter Kinder armer El-

Abb. 16 Luther und das Volk im Disput mit dem Papst und seinen An-
hängern, Holzschnitt von Sebald Beham, um 1524

tern mußten nun durch die weltlichen Obrigkeiten, also
Stadträte bzw. den Landesherrn organisiert werden. Auch
hier schuf der Reformator wichtige Grundlagen. Die *Leisni-*
ger Kastenordnung von 1523, die Luther mit einem Vorwort
versehen herausgab, zeigte die Richtung auf: Die Einkünfte
und das Vermögen der alten Kirche sind von den weltlichen
Obrigkeiten einzuziehen, in „gemeinen Kästen" zu verwal-
ten und daraus die kommunalen bzw. landesherrlichen So-
zial- und Bildungsaufgaben zu finanzieren. Diese Ansätze
förderte Luther auch durch die Formulierung eines neuen
Arbeitsethos: Nützliche Berufsarbeit zum Nutzen aller ist ein
höheres Werk christlicher Nächstenliebe, als Almosen zu
geben: „Müßiggang ist Sünde wider Gottes Gebot, der hier
Arbeit befohlen hat. Zum anderen sündigst du gegen deinen
Nächsten."

Von Anfang an hatte die Reformation auch pädagogische
Implikationen: Wer nicht lesen kann, ist auch nicht in der
Lage, das Wort Gottes in seiner Tiefgründigkeit zu erfassen.
Auch bedurften die Gemeinwesen besser ausgebildeter
Pfarrer, Lehrer und Beamter, um die sich aus den neuen An-
forderungen ergebenden Aufgaben bewältigen zu können.
Zudem gab es infolge disparater bildungsfeindlicher Ten-
denzen seit etwa 1522 einen regelrechten Verfall des Bil-
dungswesens. Seit 1524 kümmerte sich Luther daher auch
persönlich um die Neuorganisation des Schulwesens. In sei-

ner Schrift *An die Ratsherren aller Städte deutschen Landes, daß sie christliche Schulen aufrichten und halten sollen* beschwor er die Obrigkeiten, sich für eine ordentliche Ausbildung der Jugend einzusetzen: „Darum will es hier dem Rat und der Obrigkeit gebühren, allergrößte Sorge und Fleiß auf das junge Volk zu haben... Nun liegt einer Stadt Gedeihen nicht alleine darin, daß man große Schätze sammle, feste Mauern, schöne Häuser, viel Büchsen und Harnische baue... Sondern das ist einer Stadt bestes und allerreichest Gedeihen, Heil und Kraft, daß sie viel feiner gelehrter, vernünftiger, ehrbarer, wohlerzogener Bürger hat." Es müsse alles getan werden, um Schulen zu schaffen. In ihnen sollten neben Theologie auch Sprachen, Geschichte, Mathematik und Musik gelehrt werden. Auch gelte es, in öffentlichen Stadtbibliotheken die erforderliche Literatur bereitzustellen. Kinder sollen täglich ein bis zwei Stunden zur Schule gehen und anschließend ein Handwerk erlernen. 1530 schließlich mahnte Luther die allgemeine Schulpflicht an, um den Nachwuchs für Pfarrer, Lehrer, Ärzte und Beamte sicherzustellen. Der Reformator und seine Freunde, vor allem Melanchthon, nahmen unmittelbar Einfluß auf Lehrprogramme und Stellenbesetzungen. In Wittenberg veranlaßte Luther selbst noch 1524 die Einrichtung einer Mädchenschule.

Während der Reformator also mit vielfältigen praktischen Aufgaben betraut war, erwuchs ihm neue Gegnerschaft. Besonders hart traf ihn, daß diese sich aus den eigenen Reihen erhob. Hier artikulierte sich das Unbehagen, daß die euphorische Hoffnung der Jahre 1520/21, daß die Obrigkeiten die Reformation schnell und konsequent durchsetzen würden, offensichtlich trog. Das Unruhepotential war vielfältig und knüpfte an unterschiedliche biblische Aussagen und christliche Traditionen an. Viele von Luthers ursprünglichen Anhängern waren nicht in der Lage oder gewillt, dessen Lehre von den zwei Regimenten Gottes nachzuvollziehen. Sie meinten, Gott rufe nicht nur durch das Wort des Evangeliums, sondern auch durch den unmittelbar wirkenden Heiligen Geist zur Nachfolge Christi auf. Darin jedoch vermeinte Luther nur eine neue Gesetzlichkeit wahrzunehmen, die er in Glaubensdingen ja grundsätzlich ablehnte. Bei den radikalsten Kräften verbanden sich solche Vorstellungen mit endzeitlicher Apokalyptik und Chiliasmus, wodurch sie die „Gottlosen" von den „Erwählten" trennten und mithin die geistigen Voraussetzungen für Aufruhr und Empörung schufen. All diese theologischen und religiösen Postulate vermischten sich vielfältig mit sozialer Unzufriedenheit, wodurch die Schwelle der Bereitschaft zur Gewalttätigkeit gefährlich gesenkt wurde. Diese Gefahren sah Luther schon frühzeitig und ließen ihn die „radikalen" Reformatoren als „Schwärmer", „Rottengeister" und „Propheten" bezeichnen.

Symptomatisch dafür wurde Luthers Verhältnis zu Thomas Müntzer (Abb. 17). Dieser hatte 1517/18 zum Kreise der Wittenberger Reformatoren gehört. Paradoxerweise wurde gerade er während seines reformatorischen Wirkens in Jüterbog 1519 als erster als „Lutheraner" bezeichnet. 1520/21 wirkte Müntzer auf Empfehlung Luthers als Prediger in Zwickau. Schließlich vom Rat entlassen, versuchte er, seine mittlerweile gereiften eigenständigen Ideen in Böhmen durchzusetzen, erfolglos, weshalb er 1522 unstet zwischen Nordhausen, Halle, eventuell auch Jena, Erfurt und Stolberg umherirrte. Von Ostern 1523 bis Anfang August 1524 fand er schließlich eine Anstellung als Prediger in der kursächsischen Exklave Allstedt.

Gemeinsam war beiden Reformatoren der Glaube an die Verheißung Christi. Müntzer kam jedoch zu der Auffassung, daß man diese Verheißung nur erfahren kann, wenn vorher das Herz des Menschen von allen kreatürlichen Bestrebungen, also denen nach Wohlleben, Reichtum, Ansehen und

Abb. 17 Thomas Müntzer, Kupferstich von Christoffel von Sichem, 1608

Macht, gereinigt würde. Erst dann könne Gottes Geist im Herzen der Gläubigen Platz finden. Ein so wiedergeborener „christförmig" gewordener Gläubige werde von Gott geradezu gerufen, die „Gottlosen" kompromißlos zu bekämpfen. Einen letzten Versuch, hierfür die weltlichen Obrigkeiten zu gewinnen, unternahm der Prophet in der *Fürstenpredigt* vor Herzog Johann in Allstedt im Juli 1524. Sollten die Fürsten ihrer Pflicht zur Austilgung der „Gottlosen" nicht nachkommen, würde Gott ihnen das Schwert entreißen und dem gemeinen Volk geben. Im ausbrechenden Bauernkrieg sah Müntzer schließlich diesen Entschluß Gottes verwirklicht.

Der Bauernkrieg, 1524 in Süddeutschland ausgebrochen, griff im April 1525 auch auf Thüringen über. Nach seiner Flucht aus Allstedt hatte Müntzer in der freien Reichsstadt Mühlhausen ein Zentrum des thüringischen Aufstandes geschaffen. Als Luther am 16. April eine Reise zu einer Schulgründung nach Eisleben unternahm, erreichten ihn die bedrohlichen Meldungen. Ohne Zögern verfaßte er jetzt seine *Ermahnung zum Frieden auf die zwölf Artikel*, die wahrscheinlich noch Anfang Mai in Wittenberg gedruckt wurde. Die Schuld am Aufruhr gab er zwar den Fürsten und Herren, Bischöfen, Pfaffen und Mönchen: „Erstlich mögen wir niemand auf Erden danken solchen Unrats und Aufruhrs, denn euch Fürsten und Herren, sonderlich euch blinden Bischöfen und tollen Pfaffen und Mönchen, die ihr, noch heutigentags verstockt, nicht aufhört zu toben und zu wüten wider das heilige Evangelium, ob ihr gleich wisset, daß es recht ist und auch nicht widerlegen könntet, dazu im weltlichen Regiment nicht mehr tut, denn daß ihr schindet und schatzt, eure Pracht und Hochmut zu führen, bis der arme gemeine Mann nicht kann noch mag länger ertragen." Gewaltsamen Widerstand jedoch lehnte er entschieden ab und forderte ein Schiedsgericht, das die Anliegen der Bauern prüfen sollte. Als jedoch auch in Thüringen unter Führung Thomas Müntzers der Aufstand ausbrach, verurteilte Luther mit unerbittlichem Haß die gesamte Erhebung als Werk des Teufels. Der Reformator wagte sich auch in die Höhle des Löwen, d.h. in die Aufstandsgebiete. Er predigte in Stolberg, Wallhausen und Nordhausen, überall von massiven Unmutsbekundungen begleitet. Zunehmend meinte er, hinter den Bauern das Wirken des „Erzteufels" Müntzer zu erkennen. Jetzt rechtfertigte er nicht nur die fürstliche Gewalt, sondern rief geradezu dazu auf, am entschiedensten in seiner bis heute die Geister trennenden Schrift *Wider die räuberischen und mörderischen Rotten der Bauern.* Als die thüringischen Bauern am 15. Mai in der Schlacht bei Frankenhausen unterlagen, Müntzer verhaftet und später hingerichtet wurde, erblickte der Reformator darin ein Gottesgericht über die Aufrührer und die Bestätigung seiner harten Haltung. Sein Aufruf an die Sieger zur Gnade gegenüber den Besiegten verhallte nun ungehört (Abb. 18). Viele seiner Anhänger wandten sich jetzt von ihrem ehemaligen Hoffnungsträger ab. Die Reformation hatte einen Scheideweg erreicht.

Abb. 18 Ausnahmegericht, Holzschnitt des Petrarca-Meisters, um 1520

Familienvater und Kirchenmann (1525–1546)

Obgleich sich schon seit 1521 viele ehemalige Priester und Mönche auf der Grundlage von Luthers Lehren in den Stand der Ehe begeben hatten, lehnte der Reformator noch im Herbst 1524 einen solchen Schritt für sich selbst ab. Während seiner Reise zu den thüringischen Bauern im April 1525 deutete er erstmalig die Absicht an zu heiraten. Damit wolle er sich vor seinem befürchteten Tode zu seiner Sache bekennen, und dem Teufel, der die Bauern aufstachele, widerstehen. Ende Mai schließlich wurde in Wittenberg die Absicht der Hochzeit mit der entflohenen Nonne Katharina von Bora ruchbar. Die Reaktion war einhellig negativ: Wenn schon heiraten, dann nicht diese, sondern eine andere! Rasches Handeln schien also angebracht. Am Abend des 13. Juni fand im Kloster vor Freunden die Verlobung statt. Anschließend wurden die Brautleute im Zusammenhang mit der sogenannten Kopulation, einem symbolischen Niederlegen im Ehebett, durch den Wittenberger Stadtpfarrer, Luthers engen Freund und Beichtvater Johannes Bugenhagen getraut. Unter den Kritikern dieses Schrittes befand sich auch der Freund Philipp Melanchthon, zumal er weder eingeweiht noch eingeladen worden war. Zudem war er der Meinung, Käthe habe Luther umgarnt. Dem auch von Erasmus genüßlich kolportierten Gerücht, beide hätten schon vor der Eheschließung geschlechtliche Beziehungen gehabt, trat er jedoch entgegen. Noch entschiedener wandte sich der Jurist Hieronymus Schurff gegen die Eheschließung: „Wenn dieser Mönch heiratet, wird die ganze Welt und der Teufel lachen und er selber alles, was er geschaffen hat, zunichte machen."

Die 1499 geborene Katharina war die Tochter eines verarmten sächsischen Adligen. Als Nonne des Zisterzienserinnenklosters Nimbschen bei Grimma war sie unter den neun Klostergenossinnen, die im April 1523 entflohen waren und in Wittenberg Aufnahme gefunden hatten. Bereits kurz nach ihrer Ankunft faßte sie eine tiefe Zuneigung zu dem in Wittenberg studierenden Nürnberger Patriziersohn Hieronymus Baumgärtner, der diese erwiderte. Diese Beziehung zerschlug sich jedoch. Als schließlich der Gedanke geäußert wurde, sie mit dem Universitätsrektor Kaspar Glatz, einem

Abb. 19 Luther und Katharina von Bora, Öl auf Holz von Lucas Cranach d.Ä. (Werkstatt), 1528

offensichtlichen Geizhals und unangenehmen Zeitgenossen, zu verheiraten, schmiedete sie wohl mit Luthers Freund Nikolaus von Amsdorf eine kleine Kabale. Jedenfalls hinterbrachte Amsdorf seinem Freund, daß Käthe, wenn es denn sein müsse, daß sie heirate, nur ihn, Amsdorf, oder aber den Doktor Luther bereit wäre, zum Manne zu nehmen. Da erst scheint bei dem Reformator der Groschen gefallen zu sein.

Über die ersten Ehewochen der Luthers ist wenig bekannt. Jedenfalls pausierte der Doktor mit Vorlesungen, Predigten und seiner Korrespondenz. Später äußerte er sich warm über die Flitterwochen, die er „Küssenwochen" nannte. Ein allzu stürmischer Liebhaber jedoch dürfte er nicht gewesen sein. An Amsdorf schrieb er in dieser Zeit: „Ich brenne nicht, aber ich liebe die Gattin." Später rekapitulierte er die innere Umstellung: Nun säße er bei Tische nicht mehr allein und beim Erwachen sähe er ein paar Zöpfe neben sich liegen.

Reichtümer besaß der Doktor der Heiligen Schrift nicht, gedachte auch nicht, solche zu erwerben. Seit 1525 erhielt er vom Kurfürsten ein Gehalt von 200 Gulden. Das war die Spitzenbesoldung der Universität, die sonst nur Melanchthon erhielt. Trotzdem verschlang der Unterhalt des wachsenden Haushaltes mehr Mittel, als häufig zur Verfügung stand. Da jedoch der Kurfürst und der Rat der Familie zuweilen Geld- oder Sachleistungen zukommen ließen, konnte Luther bis zu seinem Lebensende bei dem Prinzip bleiben, für Vorlesungen und Bücher kein Honorar zu verlangen. 1527 hingegen ließ er sich aus Nürnberg Drechslerhandwerkszeug kommen, um durch eigene handwerkliche Arbeit die Kasse etwas aufzubessern. Als es schließlich eintraf, bemängelte er allerdings ironisch, daß es sich nicht von selbst drehe, während sein Famulus Seberger schnarche. Ob er je selbst gedrechselt hat, ist angesichts wohl mangelnder handwerklicher Talente fraglich. Wo Luther zu großzügig mit seinem Geld umging, zum Beispiel übernahm er wiederholt beim Rat finanzielle Bürgschaften für verarmte Wittenberger, war Käthe hartnäckig und erfolgreich bemüht, das Vermögen zu mehren. Deswegen kam es gelegentlich nicht nur zu Differenzen mit dem kurfürstlichen Kanzler Brück, sondern auch mit ihrem Mann, der angesichts einer solchen kleinen Reiberei einmal aufstöhnte: „Wenn ich noch einmal freien müßte, wollte ich mir ein gehorsam Weib aus einem Stein hauen." Neben dem Brauen und Verkauf des Klosterbieres beschäftigte sich Katharina besonders mit dem Gartenbau und war deshalb, letztendlich immer erfolgreich, bemüht, Gärten und Grundstücke zu erwerben. Die Kosten dafür werden jedoch wohl größer gewesen sein, als der Ertrag einbrachte, denn 1532 wunderte sich Luther, daß er finanziell überhaupt zurechtkam. Der Haushalt kostete jährlich 500 Gulden, mehr als er verdiente. 1535/36 stellte er eine *Wunderliche Rechnung gehalten zwischen Doktor Martin und Käthen* auf, die diese Probleme widerspiegelt.

Langsam kam wieder Leben in das verwaiste Kloster. Der Familie Luther wurden sechs Kinder geboren, von denen jedoch zwei schon im Kindesalter starben. Als 1542 Luthers dreizehnjährige Tochter Magadalene in seinen Armen starb, übermannte ihn unermeßlicher Schmerz. Trotz der Einsicht, daß es Gottes Wille gewesen sei, schüttelte ihn am Grabe ein Weinkrampf. Das Motto für die Erziehung seiner Kinder war, daß der Apfel bei der Rute liegen müsse, wobei er die Jungen strenger erzog als die Mädchen. Wie wohl jeder Vater, hegte Luther besonders bezüglich seines Ältesten hohe Erwartungen, wodurch er ihn jedoch überforderte. Schon mit sieben Jahren wurde er an der Universität immatrikuliert und 1539, also mit dreizehn Jahren, zum Bakkalaureus promoviert.

Seit 1529 lebten auch die sechs Kinder seiner wohl verstorbenen Schwester in Luthers Haushalt. Zur Familie gehörte auch die „Muhme Lene", Käthes Tante Magdalena, die bald nach Katharina aus dem Kloster Nimbschen geflohen war. Wie andere Professoren hatte auch Luther Studenten in Kost und Logis in seinem Hause, wodurch die Haushaltskasse etwas aufgebessert wurde. Dazu kamen häufig Gäste und Flüchtlinge. Jedoch versuchten auch Taugenichtse und Schwindler, die Gastfreundschaft auszunutzen. 1541 berichtete Luther, daß sich eine angebliche Nonne unter falschem Namen im Hause eingeschmuggelt habe. Sie war jedoch die Tochter eines im Bauernkrieg hingerichteten Bürgers aus Franken. Als schließlich klar wurde, daß sie log, stahl und schwanger war, verschwand sie und versuchte ihr Glück in anderen Pfarrhäusern. Mit solchen Vorfällen, meinte Luther, müsse man bei der christlichen Liebe rechnen. Gleichwohl wurde er forthin vorsichtiger.

Die Hochzeit des ehemaligen Mönchs mit der ehemaligen Nonne am 13. Juni 1525, der Zeit des Höhepunkts des Bauernkriegs, markierte den endgültigen und für alle Welt sicht-

Abb. 20 Die Lutherstube im Wittenberger Lutherhaus

baren Bruch Luthers mit dem Mönchs- und Pfaffentum und den Übergang zum Leben eines bürgerlichen Gelehrten in landesherrlichen Diensten.

Als erster begann der aus Ungarn geflohene Konrad Cordatus, Luthers Tischreden aufzuzeichnen. Andere Tischgenossen folgten ihm nach. Käthe störte das augenscheinlich, was sie gelegentlich mit spitzen Bemerkungen kundtat. Die Schreiber rächten sich, indem sie ihr vermeintlich herrschsüchtiges Wesen glossierten. Trotz der umstrittenen Authentizität sind die Tischreden eine unerschöpfliche Quelle zum Verständnis von Luthers Persönlichkeit, seinem Leben und Werk. In besonderer Weise dokumentieren sie die volks- und lebensverbundene Haltung und Sprache des Reformators.

In seiner karg bemessenen Freizeit widmete sich Luther gern der Hausmusik, wobei er seine eigenen gesanglichen Fähigkeiten durchaus selbstkritisch einschätzte. Im Garten ließ er für seine Studenten und Hausgenossen eine Kegelbahn einrichten und sprichwörtlich ist seine Naturverbundenheit. Im Grünen meditierte er immer wieder über das Schöpfungswunder der Natur, das ihn häufig zu Gleichnissen für seinen Glauben anregte.

Gerade das schreckliche Erlebnis des Bauernkriegs verstärkte seine Auffassung, daß es die vordringliche Aufgabe der weltlichen Gewalten sei, den inneren und äußeren Frieden zu bewahren. So sehr ihm zeitlebens die Errichtung eines obrigkeitlichen Kirchenregiments widerstrebte, sah er doch angesichts der realen Gegebenheiten keine andere Möglichkeit, den Sieg des Evangeliums auch durch landesherrliche Maßnahmen und Regelungen zu sichern. Während der Reformator grundsätzlich dafür eintrat, neue Strukturen wachsen zu lassen und sie erst dann zu fixieren, stand er unter dem Druck des Landesherrn, der sie sofort beschließen wollte. Was in der Tat akut not tat, waren Besoldungsregelungen für die Pfarrer und Lehrer. Viele lebten aufgrund des Zusammenbruchs des alten Kirchenwesens tatsächlich in ärmlichsten Verhältnissen. Solche Regelungen jedoch waren ohne Hilfe der Landesherren nicht zu bewerkstelligen. Jetzt war es Luther, der den Kurfürsten um Hilfe bat. Daß hier ein folgenschwerer Eingriff des Staates in kirchliche Belange vorlag, entschuldigte der Professor mit der Lehre vom Notrecht. Nun jedoch reagierte der Kurfürst seinerseits zunächst zurückhaltend, befürchtete er doch, daß es Luther nur um die Besoldung der Pfarrer und Lehrer durch den Staat ging. Nach dem Speyrer Reichstag 1526, der den Territorialgewalten die Durchführung reformatorischer Maßnahmen anheimstellte, wurde der Reformator erneut vorstellig, zumal mit den Klöstern und Stiften der Großteil der kirchlichen Einkünfte an den Landesherrn gefallen war. Die kurfürstliche Instruktion zu den Visitationen vom Juni 1527 stellte den Visitatoren umfängliche Aufgaben: Lehre und Lebenswandel der Pfarrer, Prediger und Schulmeister sind zu kontrollieren, altgläubige Pfarrer abzufinden oder zu pensionieren und Ketzer des Landes zu verweisen. Weiterhin sollten die kirchlichen Einkünfte festgestellt und eine Neuordnung der Besoldung sowie die Einführung der neuen, von Luther erarbeiteten Gottesdienstordnung festgelegt werden. Die Armenfürsorge sei durch die Einrichtung gemeiner Kästen abzusichern. Für jeden Kreis sollte ein Superintendent zur Aufsicht über die Pfarrer eingesetzt werden. Die christliche Sittenzucht, vor allem die Ehegerichtsbarkeit, wurde den kurfürstlichen Amtleuten unterstellt. Nachdem 1527 eine Visitation im Amt Weida und anschließend im Saalkreis, der ehemaligen Hochburg Karlstadts, stattgefunden hatte, erschien schließlich im März 1528 der im wesentlichen von Melanchthon erarbeitete *Unterricht der Visitatoren an die Pfarrherrn im Kurfürstentum zu Sachsen* mit einer Vorrede Luthers im Druck. Damit waren die Weichen gestellt: Die Neuordnung erfolgte nach einem vom Bischofsamt hergeleiteten Beaufsichtigungssystem von oben und nicht durch eine presbyterial-synodale Repräsentation der Gemeinde.

Auch bei der Einführung der evangelischen Kirchenordnung in Wittenberg zu Weihnachten 1525 ging es dem Reformator keinesfalls um eine allgemeingültige Kirchenordnung, sondern er schärfte in der Vorrede ein, daß sie in jedem Falle in christlicher Freiheit zu handhaben sei. Jedoch wahrscheinlich bereits im Februar 1526 wurde die Ordnung in den kurfürstlichen Patronatspfarreien durch kurfürstlichen Befehl eingeführt. Im Juni schließlich erging auch der Befehl an die adligen Patrone, diese Ordnung einzuführen. Ergänzt wurde die Kirchenordnung 1526 durch Luthers deutsches *Taufbüchlein* mit einer gereinigten Liturgie und 1529 durch sein *Traubüchlein*.

Schon vor Beginn der Reformation war es eines von Luthers wichtigsten Anliegen, das richtige Verständnis der Zehn Gebote, des Glaubensbekenntnisses, des Vaterunsers und der Sakramente bei den Laien zu fördern. Nachdem bereits Anfang 1525 Nikolaus Hausmann ein Unterrichtsbuch für die Kinder angeregt hatte und Luther seine Mitarbeiter in verschiedenen Gegenden zu ähnlichen Aktivitäten ermunterte, plante er schließlich einen eigenen Katechismus. Zunächst hielt er Katechismuspredigten und forderte die Hausherren auf, ihr Gesinde bei Strafe der Entlassung zur Teilnahme zu zwingen. Aus diesen Predigten entstanden 1529 die beiden *Katechismen* Luthers, der „kleine" für die Laien und der „große" für die Pfarrer und Prediger. Gefordert wurde von Luther das Auswendiglernen des kleinen Katechismus. Bei Nichtbefolgung drohte er Strafen bis zur Landesverweisung an.

Bereits seit frühester Jugend hatte Martin selbst gern gesungen. Musik verstand der Reformator als Mittel zur Stärkung des Glaubens, da sie trübe und düstere Gedanken, die vom Teufel herrühren, zu vertreiben in der Lage war. So nahm es nicht wunder, daß er auch dem deutschen Gemeindegesang in der Kirche zur Stärkung des Glaubens und des christlichen Gemeinschaftsgefühls eine große Bedeutung zumaß. Ein Höhepunkt in Luthers musikalischem Schaffen war das *Klugsche Gesangbuch*, das zum Vorbild vieler nachfolgender Gesangbücher wurde (Abb. 21). In seiner verschollenen ersten Auflage von 1529 war auch erstmals Luthers bekanntester, 1527 entstandener Choral *Ein feste Burg ist unser Gott* abgedruckt. Eine Bearbeitung des 46. Psalms,

Abb. 21
Klugsches
Gesangbuch,
Wittenberg
1533

war es ein Trostlied für die Christenheit und den erneut angefochtenen Reformator selbst. 1527 wurde er nämlich wieder von schwerer Krankheit und seelischen Bedrückungen geplagt. In Wittenberg brach die Pest aus. In Bayern war wieder ein Anhänger Luthers, Leonhard Kaiser, zum Blutzeugen der Reformation geworden.

Obwohl es besonders in seinen Predigten deutlich wurde, daß der Professor dem Volke „aufs Maul schaute", d.h. in einer volksverbundenen Sprache predigte, redete er ihm nicht nach dem Munde. Wenn er es für nötig hielt, und das war nicht selten der Fall, konnte er seiner Wittenberger Gemeinde auch gehörig die Leviten lesen. Vor allem unregelmäßiger Besuch des Gottesdienstes und eine unchristliche Lebensweise forderten immer wieder seine harsche Kritik heraus. In seine Predigten schloß er alle Bereiche des Lebens ein. Häufig äußerte er vor der Gemeinde, vor fürstlichen Herrschaften und in seinem Hause seine Gedanken ohne Manuskript. Veit Dietrich schrieb die zu Hause gehaltenen familiären Predigten mit, wodurch die sogenannte *Hauspostille* Luthers entstand. Die Predigt war für Luther das Zentrum des Gottesdienstes und damit das entscheidende Mittel zur Stärkung des christlichen Glaubens.

Daneben widmete er der weiteren Übertragung der Bibel aus den Ursprachen ins Deutsche große Aufmerksamkeit. Nachdem schon 1523 der erste Teil von Luthers Übersetzung des Alten Testaments erschienen war, zog sich die Übersetzung der restlichen Teile noch viele Jahre hin, da Luther bei dieser wichtigen Arbeit immer wieder durch Tagesereignisse, organisatorische Aufgaben und durch Krankheiten unterbrochen wurde. Nachdem er schließlich auf der Veste Coburg 1530 die Übersetzung der Propheten entscheidend voranbringen konnte, erschien schließlich im Jahre 1534 die erste lutherische Vollbibel, Altes und Neues Testament in einem Band (Abb. 22). Die lutherische Bibelübersetzung wurde schnell zum meistgelesenen und meistverkauften Buch des 16. Jahrhunderts. Selbst Vertreter der römischen Kirche sahen sich nun gezwungen, die Bibel in die Volkssprachen zu übersetzen. Da sie sich dabei auf Luthers Übersetzung stützten, trugen auch sie letztendlich zur Verbreitung der Lutherbibel bei.

Die Zeit bis 1532 war politisch sehr instabil. In beiden großen konfessionellen Lagern gab es immer wieder Bestre-

Abb. 22 Die erste Luthersche Vollbibel, Wittenberg 1534

bungen, politisch-militärische Bündnisse zu schmieden. Zunächst jedoch entschärfte der Reichstag zu Speyer vom Juni bis August 1526 die Situation wieder. Der Kompromiß überließ reformatorische Maßnahmen dem Gutdünken der Landesherren. Dadurch wurde zunächst eine reichsrechtliche Grundlage für die Neuordnung des evangelischen Kirchenwesens geschaffen. Als 1528 Landgraf Philipp von Hessen infolge fingierter Gerüchte über einen bevorstehenden militärischen Schlag der Altgläubigen (Packsche Händel) einen Präventivkrieg ins Auge faßte, lehnte Luther das entschieden ab, drohte sogar mit seinem Wegzug aus Kursachsen. Luthers und Melanchthons feste Haltung beeindruckte Kurfürst Johann und der Plan wurde verworfen. Der Speyrer Reichstag von 1529, gegen dessen antireformatorischen Abschied die reformatorischen Stände eine *Protestation* verfaßten (forthin nannte man sie auch Protestanten), spitzte die Situation wieder zu, jedoch wurde sie durch das Angebot des Kaisers, auch die Religionsfrage auf dem für 1530 nach Augsburg einberufenen Reichstag zu verhandeln, wieder entschärft. Hinter dieser Kompromißbereitschaft des Kaisers stand die akute Bedrohung des Reiches durch die Türken, deren Abwehr auch der Unterstützung durch die Protestanten bedurfte. Zur kursächsischen Delegation zum Reichstag, die unter der Leitung des Kurfürsten selbst stand, gehörten neben seinen Räten auch lutherische Theologen, vor allem Melanchthon. Luther selbst mußte auf der Veste Coburg zurückbleiben, da er immer noch geächtet war. Hier verbrachte er 156 Tage. Mit Briefen und gedruckten Vermahnungen versuchte er, seine Freunde in Augsburg aufzumuntern. Dabei steckte der Reformator selbst in einer schwierigen Situation. Krankheiten, Einsamkeit und die erzwungene Untätigkeit zerrten an den Nerven. Dazu kam die traurige Nachricht vom Tode des Vaters. Trotzdem oder vielleicht gerade deswegen schöpfte der Reformator aus seinem Glauben die Kraft, verzweifelten Wittenberger Freunden brieflich über deren tiefe Depressionen hinwegzuhelfen.

Obwohl die lutherischen Reichsstände am 25. Juni 1530 die von Melanchthon erarbeitete lutherische Bekenntnisschrift, die *Augsburgische Konfession*, verlesen konnten, was de facto schon einen beachtlichen Anerkennungserfolg darstellte, verliefen alle Kompromißverhandlungen im Sande. Der Reichstagsabschied war streng antireformatorisch und verbot jegliche weitere Neuerungen. Der endgültige Reichstagsabschied verlangte sogar die Wiederherstellung der alten Zustände. Dafür stellte der Kaiser ein Ultimatum bis zum 15. April 1531. Für den Fall der Ablehnung wurden militärische Maßnahmen angedroht. Die logische Konsequenz daraus war Ende Dezember 1530 die Gründung des „Schmalkaldischen Bundes", eines Verteidigungsbündnisses der evangelischen Reichsstände. Schließlich wurde nach intensiven Verhandlungen und auch heftigen innerprotestantischen Debatten am 23. Juli 1532 auf dem Nürnberger Reichstag ein Frieden geschlossen, der weitgehend den konfessionellen Status quo fixierte und damit den äußeren Frieden zunächst sicherte. So konnte sich die Reformation weiter friedlich ausbreiten. 1539 trat das Herzogtum Sachsen zum lutherischen Bekenntnis über. 1541 folgte das Kurfürstentum Brandenburg. Diese Entwicklungen jedoch brachten die politisch-konfessionelle Pattsituation im Reiche wieder ins Wanken und mündeten letztendlich in die Katastrophe des Schmalkaldischen Krieges, der unmittelbar nach Luthers Tode ausbrechen sollte.

Alte und neue Feinde (1525–1546)

Luthers Bestrebungen nach 1525, die Reformation unter den Bedingungen gefestigter Fürstenherrschaft voranzubringen, waren zeit seines Lebens Angriffen von unterschiedlichsten, ja gegensätzlichen Seiten ausgesetzt. Manch ehemaliger Anhänger warf ihm vor, er habe die Bauern verraten und seinen Frieden mit den Herrschenden gemacht. Die Anhänger Roms jedoch machten Luther als den angeblich geistigen Vater des Aufruhrs für die Gemetzel verantwortlich. Solche und andere Angriffe zwangen den Reformator immer wieder, den Fehdehandschuh aufzunehmen und seine Vorstellungen zu vertreten und zu konkretisieren. Zäh und unbeirrt verteidigte der „geschworene Doktor der Heiligen Schrift" seine Lehre mit Waffen, die von der geschliffensten theologischen Beweisführung über Ironie und beißenden Spott bis zu poltrigsten Beschimpfungen reichten.

Ein bedeutender Gegner erwuchs Luther in der Person des Erasmus von Rotterdam. Die Wucht der Volksbewegung, die die von vielen Humanisten beschworene Einheit des Christentums, Europas und der Wissenschaften als Illusion erscheinen ließ, führte zur Abwendung mancher Humanisten von der Reformation. Symptomatisch für diese Entwicklung war der Streit zwischen Erasmus und Luther um die Freiheit des Willens. Beide hatten schon früh die Unvereinbarkeit ihrer Positionen erkannt. Luther kritisierte bereits 1517, daß in Erasmus' Weltbild das Menschliche das Übergewicht über das Göttliche besitze. Zwei Jahre später konstatierte Erasmus das Nicht-Humanistische an Luther, der bereits 1518 in der Heidelberger Disputation die Fähigkeit des Menschen, aus eigener Kraft das Gute auch nur zu wollen, verworfen hatte. 1524 brach der Kampf offen aus. Erasmus warf mit seinem Traktat *De libero arbitrio* (Über den freien Willen) den Fehdehandschuh, den Luther aufnahm und 1526 mit *De servo arbitrio* (Über den unfreien Willen) zurückschleuderte. Sosehr dem heutigen Denken auch die Auffassungen des Erasmus, der dem freien Willen der Menschen auch zum Guten, im Zusammenwirken mit der göttlichen Gnade, eine gewisse Wirksamkeit zusprach, näher zu liegen scheinen, bezog er damit in der damaligen Zeit letztendlich doch die theologischen Positionen der alten Kirche.

Seit 1525 entbrannte im reformatorischen Lager eine heftige Kontroverse über das Sakrament des Abendmahls, zunächst zwischen Luther und Karlstadt, später zwischen Luther und Zwingli. Während die Schweizer Reformatoren das Abendmahl mehr als Gedächtnismahl zur Stärkung des Glaubens auffaßten, behauptete Luther, aufgrund der Allmacht Gottes seien Leib und Blut Christi tatsächlich in, mit und unter Brot und Wein des Abendmahls vorhanden. Dieser Gegensatz belastete eine koordinierte Haltung der Anhänger der Reformation gegenüber der Reichspolitik. Daher bemühten sich protestantische Reichsstände, vor allem Landgraf Philipp von Hessen, um die Beilegung der Kontroverse. Zu diesem Zweck lud der Landgraf Luther, Melanchthon, Zwingli, Oekolampad, Bucer, Brentz und andere Reformatoren 1529 zum Marburger Religionsgespräch ein (Abb. 23). Obwohl nach harten Rededuellen in den *Marburger Artikeln* eine gewundene Verständigungsformel gefunden wurde, konnten die grundsätzlichen Meinungsverschiedenheiten nicht beigelegt werden. Die *Wittenberger Konkordie* vom Jahre 1536, die eine einheitliche Auffassung in der Abendmahlsfrage zwischen Wittenberger und oberdeutschen Reformatoren formulierte, bezog die Schweizer Reformatoren nicht mit ein, zu denen sich das Verhältnis sogar wieder verhärtete.

Abb. 23 Marburger Religionsgespräch, kolorierter Holzschnitt, 1557

Die Bewegung der Täufer hatte einen Ursprung in der bäuerlich-plebejischen Opposition in Zürich seit 1523. Während Zwingli die Durchführung der Reformation in die Hände des Rates legte, wollten seine Kritiker die neue Kirche in völliger Unabhängigkeit von der weltlichen Gewalt aufbauen. Ihr Symbol wurde die Erwachsenen- oder Glaubenstaufe. Nach der Niederschlagung des Bauernaufstandes wurde die Täuferbewegung zu einem Sammelbecken oppositioneller Kräfte der reformatorischen Bewegung. Neben einheitlichen Anliegen (zum Beispiel Ablehnung jeglicher geistlicher und weltlicher Obrigkeit in Fragen des Glaubens und des Gemeindelebens, Verweigerung des Eides) bestanden innerhalb der Bewegung höchst unterschiedliche Auffassungen. Denken und Fühlen der Täufer schwankten zwischen Resignation in Form quietistischer Schicksalsergebenheit und verinnerlichter Frömmigkeit einerseits, sowie chiliastischen Endzeiterwartungen, apokalyptischen Visionen und geheimen Aufstandsplänen andererseits. Von Anfang an wurden die Täufer verfolgt und grausam bestraft. Aufgrund einer Verfolgungswelle 1528/29 zerbrach die Kraft der oberdeutschen Täufer, und das Zentrum der Bewegung verlagerte sich nach Niederdeutschland. Höhepunkt wurde das Täuferreich zu Münster. 1534/35 versuchten hier militante Täufer, das „Neue Jerusalem" und damit das erträumte Reich der Gleichheit zu errichten. Die Eigentumsverhältnisse wurden nach apostolischem Ideal der Gütergemeinschaft umgestaltet. Gold, Silber und Geld mußten abgeliefert werden, Lebensmittelvorräte wurden registriert, und sieben Beauftragte verwalteten gemeinsam die Güter. Unter den Bedingungen der Belagerung der Stadt durch das Heer des Bischofs von Münster wurden drakonische Gesetze erlassen, und die Züge des Sektenwesens verstärkten sich (zeitweilige Einführung der Vielweiberei). In der Nacht vom 25. zum 26. Juni 1535 konnten die vor Hunger entkräfteten Verteidiger der Übermacht nicht mehr standhalten. Ein grausames Strafgericht und Gemetzel an den Unterlegenen setzte ein.

Da die Täufer in Kursachsen nie zu bedeutendem Einfluß kamen, spielten sie in Luthers Polemik nur eine untergeordnete Rolle. Zunächst lehnte er zwar ihre Lehre ab, verurteilte jedoch die gegen sie ausgeübten Repressalien. Nach der Niederschlagung des Münsteraner Täuferreichs jedoch verurteilten die Wittenberger Reformatoren, besonders Melanchthon, die Täufer mit ähnlich harten Worten, wie ehedem die aufständischen Bauern.

Seit 1537 erhob sich erneut Gegnerschaft aus den ureigensten Reihen. Einer der frühesten Anhänger des Reformators, Johann Agricola, nach seinem Geburtsort auch „Magister Eisleben" genannt, begann, einseitige Vorstellungen über das Verhältnis von Gesetz (Gesamtheit der sittlichen Normen des Alten Testaments, speziell die Zehn Gebote) und Evangelium zu vertreten. Luther war zu allen Zeiten grundsätzlich der Überzeugung, daß das Gesetz als Voraussetzung der Sündenerkenntnis und damit auch der im Evangelium verheißenen Sündenvergebung für die Christen eine wichtige Funktion behält. Hingegen lehrte Agricola nun, daß das Gesetz für Glauben und Leben der Christen keinerlei Bedeutung habe, und daß Luther seine eigene Lehre verriete, wenn er nun anderes vertrete. Thesen, Gegenthesen, Disputationen sowie Vermittlungsversuche Melanchthons waren letztendlich nur geeignet, die Differenzen in aller Deutlichkeit hervortreten zu lassen. Schließlich vermeinte Luther, in Agricola, wie vorher schon in der römischen Kirche, Karlstadt, Müntzer und den Schweizern, ein Werkzeug des Teufels sehen zu müssen. Unter immer stärkeren Druck geraten, verließ Agricola schließlich im August 1540 Wittenberg heimlich, um in Berlin Hofprediger beim brandenburgischen Kurfürsten zu werden.

An der haßerfüllten Haltung des älter werdenden Reformators gegenüber den Juden gibt es nichts zu beschönigen oder zu entschuldigen, wenngleich man die Hintergründe natürlich nicht außer acht lassen darf: Seit etwa 1540 verdichtete sich bei Luther die Überzeugung, in der unmittelbaren Endzeit zu leben. Wer sich, wie Altgläubige, Ketzer, Türken, aber eben auch Juden, in Luthers Augen dem Evangelium verschloß, mit denen war nun endgültig jede Verständigung und jeder Kompromiß ausgeschlossen. Mit der Schrift *Von den Juden und ihren Lügen* aus dem Jahre 1543, besonders ihrem dritten Teil, fiel der Reformator in traditionelle antijudaistische Vorurteile des Christentums zurück, machte die eigenen hoffnungsvollen Ansätze seiner 1523 erschienenen Schrift *Daß Jesus Christus ein geborener Jude sei* zunichte und hatte damit einen zweifellos ungewollten Anteil daran, daß sich später auch im Protestantismus antisemitische Vorurteile etablieren konnten.

Bis an sein Lebensende führte Luther seinen Kampf gegen Rom weiter. Anlässe gab es immer wieder, zum Beispiel 1528 ein Mandat des Bischofs von Meißen gegen den Laienkelch, das verstärkte Vorgehen gegen die Reformation in verschiedenen altgläubigen Gebieten zu Beginn der dreißiger Jahre sowie die ständigen Versuche Herzog Georgs, gegen die Reformation zu polemisieren und vorzugehen. Diese jedoch mehr regionalen Auseinandersetzungen spielten sich unter den Bedingungen eines relativen Kräftegleichgewichts zwischen Protestanten und Altgläubigen im Reiche ab. Die Kurie versuchte mit allen Mitteln, Macht und Einfluß im Heiligen Römischen Reich deutscher Nation zurückzugewinnen. Zum Schwerpunkt der grundsätzlichen Auseinandersetzungen wurde die Frage der Einberufung eines Konzils. Nachdem der Kaiser 1524 das von Luther und der Ständeopposition geforderte deutsche Nationalkonzil verboten hatte, war er nun bestrebt, im Interesse seiner universalistischen Pläne ein Generalkonzil vorzubereiten. Widerstreitende politische Interessen der europäischen Mächte, wechselnde Bündnisse und anhaltende Kriegswirren verhinderten dies jedoch. Luther trat entschieden gegen alle Versuche auf, das Konzil unter der Vorherrschaft der Kurie abzuhalten. Das schließlich nach Trient einberufene Konzil (1545 bis 1563) fand jedoch in Abhängigkeit vom Papst und daher ohne Teilnahme der Protestanten statt. Es erneuerte die Theologie und Gestalt der römischen Kirche grundsätzlich und prägte sie bis zum 2. Vatikanischen Konzil im 20. Jahrhundert.

Alter und Tod - Vermächtnis

Je älter Luther wurde, desto mehr mußte er die Erfahrung all derer, die aus hehrem Glauben etwas Großes begonnen haben, machen, daß die Verwirklichung in den „Niederungen" des irdischen Daseins weit komplizierter ist, als ursprünglich erhofft. Immer wieder verzweifelte er schier darüber, daß die Verkündigung des Evangeliums zu wenige Früchte im Leben der Gemeinde trug. Zunehmende Sittenlosigkeit und mangelnde Achtung gegenüber den Segnungen der Kirche, dem Gottesdienst und den Sakramenten, geißelte er häufig in seinen Predigten und ließen ihn je länger je mehr zu der Überzeugung kommen, daß das Jüngste Gericht dem irdischen Jammertal bald ein Ende bereiten würde. Von einer Reise nach Zeitz im Jahre 1545 wollte er schließlich überhaupt nicht mehr nach Wittenberg zurückkehren: „Mein Herz ist erkaltet, daß ich nicht gern mehr da bin." Käthe solle alles verkaufen und mit ihm auf ihr Gut Zöllsdorf gehen. Er wolle lieber das Bettelbrot essen, als sich in seinen letzten Tagen mit dem „unordentlichen Wesen" zu Wittenberg martern. Schließlich jedoch konnten ihn seine Freunde doch noch zu einer Rückkehr bewegen.

Trotz oder vielleicht auch wegen solcher Enttäuschungen blieb Luther bis zu seinem Lebensende rastlos tätig. Es galt, dem Teufel bis zuletzt zu widerstehen. Als ihn im März 1545 die in Italien entstandene Mär von seinem angeblichen Tode erreichte, nahm er sie geradezu belustigt auf und ließ sie als Produkt eines „armen erbärmlichen Scheißpfaff", mit einem Nachwort versehen in Wittenberg drucken. In der Nachbemerkung verkündete er höhnisch, daß solcherart Haß seiner Feinde ihm sanft an der rechten Kniescheibe und an der linken Ferse tue.

Seine letzte irdische Reise führte den Reformator in seine Geburtsstadt Eisleben. Die Beziehungen zu seiner Verwandtschaft und zum Mansfeldischen Grafenhaus waren nie abgebrochen. Die Versuche des Grafen Albrecht, die Hüttenbesitzer durch maßlose Erhöhung der Erbpacht zum Verkauf der Hütten zu bewegen, die auch unmittelbar Luthers Bruder Jakob und seinen Schwager bedrohten, stießen auf entschiedene Kritik des Reformators. Trotzdem sollte nun ausgerechnet seine Autorität helfen, Erbstreitigkeiten und anderen Zwist innerhalb der Grafenfamilie zu lösen. Dazu begab sich Luther nach einer letzten Predigt in Wittenberg am 17. Januar 1546 in Begleitung seiner drei Söhne nach Mansfeld. Erst nach dreitägiger Wartezeit konnte die Reisegesellschaft die eis- und hochwasserführende Saale überqueren. Nach einem Ohnmachtsanfall auf der Weiterreise ließ er es sich in Eisleben nicht nehmen, in der ersten Februarhälfte noch viermal zu predigen. Des Lebens satt, äußerte er jedoch zwei Tage vor seinem Tode: „Wenn ich wieder heim gen Wittenberg komme, so will ich mich alsdann in Sarg legen und den Maden einen feisten Doktor zu essen geben." Dessenungeachtet mobilisierte er alle Energien, um die zähen und schwierigen Verhandlungen erfolg-

Abb. 24 Leichenpredigt für Luther, kolorierter Holzschnitt, 1557

reich abschließen zu können. Mit zwei wichtigen Verträgen am 16. Februar war ihm ein erster Erfolg beschieden.

In der Nacht vom 17. auf den 18. Februar 1546 starb Luther in seiner Geburtsstadt Eisleben im 63. Lebensjahr. Auf Befehl des Kurfürsten wurde sein Leichnam nach Wittenberg überführt und dort am 22. Februar unter großer Anteilnahme der Wittenberger in der Schloßkirche beigesetzt.

Die letzten schriftlichen Worte Luthers, zwei Tage vor seinem Tode zu Papier gebracht, führen uns weise und poetisch, ja geradezu vermächtnishaft sowohl die Größe als auch die Nichtigkeit menschlicher Existenz vor Augen. Sie bezeugen die auch oder gerade angesichts des Todes ungebrochene Glaubenszuversicht des Reformators: „Die Hirtengedichte Vergils kann niemand verstehen, er sei denn fünf Jahre Hirte gewesen. Die Vergilschen Dichtungen über die Landwirtschaft kann niemand verstehen, er sei denn fünf Jahre Ackermann gewesen. Die Briefe Ciceros kann niemand verstehen, er habe denn 25 Jahre in einem großen Gemeinwesen sich bewegt. Die Heilige Schrift meine niemand genugsam geschmeckt zu haben, er habe denn hundert Jahre lang mit Propheten wie Elias und Elisa, Johannes dem Täufer, Christus und den Aposteln die Gemeinden regiert. Versuche nicht diese göttliche Aeneis, sondern neige dich tief anbetend vor ihren Spuren! Wir sind Bettler, das ist wahr."

Weiterführende Literatur (Auswahl)

Aland, Kurt: Die 95 Thesen Martin Luthers und die Anfänge der Reformation, Gütersloh 1983 (=Gütersloher Taschenbücher Siebenstern; 1406)

Bäumer, Remigius: Martin Luther und der Papst: mit einem Kapitel: Die wissenschaftliche Diskussion über „Luther und der Papst" seit 1971 bis 1986, 5. Aufl., Münster 1987 (=Katholisches Leben und Kirchenreform im Zeitalter der Glaubensspaltung; 30)

Boehmer, Heinrich: Der junge Luther, 3. Aufl., Leipzig o. J.

Bornkamm, Heinrich: Martin Luther in der Mitte seines Lebens: das Jahrzehnt zwischen dem Wormser und dem Augsburger Reichstag, aus dem Nachlaß hg. von Karin Bornkamm, Göttingen 1979

Brecht, Martin: Martin Luther, 3 Bde., 2. Aufl., Stuttgart 1983-1987

Brendler, Gerhard: Martin Luther: Theologie und Revolution, Berlin 1983

Diwald, Hellmut: Luther: eine Biographie, Bergisch Gladbach 1982

Der Durchbruch der reformatorischen Erkenntnis bei Luther: neuere Untersuchungen, hg. von Bernhard Lohse, Stuttgart 1988 (=Veröffentlichungen des Instituts für Europäische Geschichte Mainz: Beiheft; 25: Abt. Religionsgeschichte)

Friedenthal, Richard: Luther: sein Leben und seine Zeit, 7. Aufl., München 1982

Joestel, Volkmar: Legenden um Martin Luther und andere Geschichten aus Wittenberg, Berlin 1992

Junghans, Helmar: Der junge Luther und die Humanisten, Weimar 1984

Leben und Werk Martin Luthers von 1526 bis 1546: Festgabe zu seinem 500. Geburtstag, im Auftrag des Theologischen Arbeitskreises für reformationsgeschichtliche Forschung hg. von Helmar Junghans, 2 Bde., Berlin 1983

Lohse, Bernhard: Martin Luther: eine Einführung in sein Leben und sein Werk, Berlin 1983

Martin Luther. Ausgewählte Schriften, hg. von Karin Bornkamm u. Gerhard Ebeling, 6 Bde., Frankfurt/M. 1990 (insel taschenbuch; 1284)

Martin Luther 1483–1546: Katalog der Hauptausstellung in der Lutherhalle Wittenberg, 2. verb. u. erw. Aufl., Berlin 1993

Obermann, Heiko Augustinus: Luther: Mensch zwischen Gott und Teufel, 2. Aufl., Berlin 1983

Die Reformation in Augenzeugenberichten, hg. von Helmar Junghans, 2. Aufl., München 1980

Zahrnt, Heinz: Martin Luther in seiner Zeit - für unsere Zeit, München 1983

„BIOGRAPHIEN ZUR REFORMATION"

Folgende weitere Titel sind im Buchhandel
erhältlich:

MARTIN LUTHER UND TORGAU

LUCAS CRANACH d. Ä. IN WITTENBERG

KATHARINA VON BORA

PHILIPP MELANCHTHON

Weitere Titel sind vorgesehen.

LUTHERS LEBEN IN BILDERN

Die 32 Seiten umfassende Broschüre zeigt den Reformator aus der Sicht von
4 Künstlern des 19. Jahrhunderts. Jutta Strehle, Kunsthistorikerin (Lutherhalle
Wittenberg) berichtet über die Meister und ihre Werke – im Hintergrund die
geschichtlichen Ereignisse um den Reformator.
Die Broschüre ist auch in englischer Sprache erhältlich.

DREI KASTANIEN VERLAG

Literatur aus der Lutherstadt Wittenberg

Breitscheidstraße 17
06886 Lutherstadt Wittenberg
(03491) 41 02 42